改訂4版

中小企業に最適

退職金規程と積立制度

特定社会保険労務士 三宅 直 著

経営書院

はじめに

　本書は、これから退職金制度を導入する際、または既存の退職金制度見直しをする際、「人事」と「財務」の２つの側面に留意しながら、何を把握し、何に注意し、どのような行程を経て行うべきかを基本的解説書として表したものです。

　退職金制度の変遷を見ると、まず敗戦後から昭和30年代にかけては、大企業を中心に退職一時金制度として整備されていましたが、中小企業の場合、制度として確立したものを持つところはほとんどありませんでした。

　日本経済が昭和30年代から高度経済成長期に突入していくなかで、次第に国民生活にも多少の余裕が感じられるようになり、この頃より老後の生活保障を充実させる政策が次々に打ち出されてきました。公的保障としては、昭和36年に国民年金制度が創設され、形の上では国民皆年金が達成されています。

　このような状況の中で、退職金においても退職一時金の年金支払い化や中小企業への退職金制度の普及政策がすすめられ、その結果、厚生年金基金、税制適格退職年金といった企業年金や中小企業退職金共済、特定退職金共済などの共済制度が誕生しました。これらは、企業に税制上の優遇措置を与えることで、安定した退職金原資の確保を促すとともに、労働者の受給権確保を目的とするものでした。

　これらの制度は、高度経済成長期の真っ最中に誕生しただけに、予定される運用利率を５％以上（この当時の法定利率は年５％とされており、この為、中小企業退職金制度６％、厚生年金基金の代行部分5.5％、税制適格企業年金はほとんど5.5％以上）に設定されていました。つまり、毎年５％以上の運用ができることを前提にして制度設計がされていたわけです。

　高度成長の後半期（昭和45年～50年）になり賃金水準が春闘（毎年春先に行われる労働組合による賃上げ闘争）の影響で急上昇し、それに連動して退職金支給水準が大きく上昇（私は、これを第１次退職金ショックと呼び、第１章で解説しています）した時期がありましたが、退職金積立金の運用面に

は何ら問題なく、運用利率5％以上という設定は「至極当たり前の常識」でした。

　しかしながら、平成に入りバブル経済がはじけると同時に日本経済は、「失われた10年」、「失われた20年」といった言葉に代表される閉塞感漂う状況になっていきました。その間、日本経済は「泥沼のデフレ経済」に陥るとともに円高、株安、低金利などは当たり前のこととなり、その後のリーマン・ショック、度重なる政権交代、ユーロ危機等、様々な要因も重なって、先行きの見えない危機的状況が続いていたといえます。

　このような状況の中で企業年金は、運用難により莫大な積立不足を生じさせ、また中小企業退職金共済も累積欠損を発生させ、予定利回りの引き下げを余儀なくされました。将に運用利率5％は、日本経済が右肩上がりに成長し続ける中での常識であり、低成長やマイナス成長の時代においては非常識どころか「夢物語」でしかなくなったのです。

　このことは、従来の退職金制度に大きな企業リスクが潜在することを認識させ、昭和時代の高度成長期や安定成長期に導入された退職金制度をそのまま維持運営することにレッドカードを突きつけました。

　そして、従来の退職金制度を維持することは、企業の財務面における大きな企業リスクとなることが明らかになりました。これは、将に退職金制度の大変革の必要性を意味するものです。私は、本文の中でも指摘していますが、この大変革期を第2次退職金ショックと呼んでいます。

　ただ、この第2次退職金ショックは、厚生年金基金や税制適格退職年金などの積立不足がクローズアップされたことにより、あたかも企業年金だけの問題であるかのように受け取られてしまった向きがあります。しかしながら、第2次退職金ショックは、あらゆる退職金原資の運用状況悪化や制度の形態に原因がありました。それならば、当然、第2次退職金ショックは、ほとんどの中小企業が影響を受けている問題です。単に、企業年金を導入していた企業だけの問題ではありません。

　にもかかわらず、この間に退職金制度の抜本的見直しを断行した中小企業は、どれくらい存在するでしょうか？ほんの一部分、極々僅かな数でしかあ

りません。廃止された税制適格退職年金を契約していた企業ですら制度廃止時に積立金の社員への分配、中退共などの他制度移管といった処理は出来ていても、全体的、且つ抜本的な制度見直しは全くしておらず、積立手段が変わっただけで旧態依然の制度を維持しているケースがほとんどです。

　私は、このことに本書を以って大きな警告を発します。何故なら、従来の認識や発想でこれからの退職金制度を維持することは企業経営に計り知れないリスクを生じさせるからです。

　勿論、退職金の計算方法を変更した企業はあるでしょう。しかしながら計算方法の変更は、賃金制度の見直しといった人事面だけの対応であり、財務面にはほとんど影響を与えません。今、まさに必要な退職金制度の抜本的見直しとは、人事面での効果を求めながら財務面でのリスクを最小限に抑える制度を構築することです。

　経済や運用環境は好転もすれば悪化もします。その都度、一喜一憂しないで将来に向かって維持継続できる新しい退職金制度を構築することが急務です。このことも「失われた20年」が我々に教えてくれた教訓ではないでしょうか。

　第1章では、退職金が抱えている多くの問題点について、その変遷を説明しながら解説していきます。特に現在の退職金に関わる諸問題を第2次退職金ショックとして捉え、従来の退職金制度からの脱却を進言します。

　第2章では、退職金制度が「退職金規程」と「退職金積立制度」の2つのパーツから成り立っているということ、この2つのパーツは「主従関係」にあるということを理解していただきます。この関係をしっかりと認識することが、何よりも重要なことです。

　第3章では、「退職金規程」とはどのようなものか、何故この規程が重要なのか5つの重要項目を中心に説明していきます。

　第4章では、退職金原資を準備する為に、どのような積立制度（手段）があるのか、主な退職金積立制度（手段）を解説しながらみていきます。

　第5章では、退職金制度を新たに設計、または見直す際に知識として必要な前提条件について説明します。

第6章では、退職金制度見直しの各行程を説明します。これにより誰にも頼ることなく企業が独自で、今後も維持継続が可能な退職金制度見直しを推し進めることができるようになっています。
　最後に第7章において退職金制度と税・社会保険料について説明します。
　皆さまのお役にたてれば幸いです。

目　次

はじめに

第1章　制度疲労を起こしてきた退職金制度 …… 1

1．「常識」の「非常識」化 …………………………………………… 1
2．退職金準備手段の税制優遇化と年金化 ………………………… 2
3．もう一つの「常識」…給付建て（確定給付タイプ）退職金制度 …………………………………………………………………… 3
4．運用環境と退職金 ………………………………………………… 4
5．運用益（利息）で支払っていた退職金 ………………………… 6
6．確定拠出年金法の施行 …………………………………………… 8
7．確定給付企業年金法の施行 ……………………………………… 10
8．新会計基準の導入（退職給付会計） …………………………… 11
9．産業構造・雇用環境の変化…「労働力の漂流化」…………… 12
10．厚生年金保険、厚生年金基金と退職金制度 ………………… 14
11．第1次退職金ショック ………………………………………… 15
12．第2次退職金ショック ………………………………………… 17
13．中小企業の第2次退職金ショックは終焉せず！ …………… 17
14．中小企業の退職金制度の現状 ………………………………… 18

第2章　退職金制度の捉え方 …………………………… 21

1．退職金制度の2つのパーツ ……………………………………… 21
2．退職金規程 ………………………………………………………… 22
3．退職金積立制度 …………………………………………………… 23
4．退職金制度、主たるものと従たるもの…この捉え方が制度設計のカギ ……………………………………………………… 25

5．退職金制度新設・見直しの順序 ……………………………… 26

第3章　退職金規程の重要項目 …………………………………… 29

1．退職金制度の目的 ……………………………………………… 29
2．確定給付タイプ（給付建て）か、確定拠出タイプ（掛金建て）か ……………………………………………………………… 31
3．退職金の支払い方法 …………………………………………… 33
4．「退職一時金等」と「掛金等」の計算方法 ………………… 35
　⑴　主な「退職一時金等」の計算方法
　　　（給与比例方式）（給与比例方式修正型）（基本給＋役職手当比例方式）
　　　（第2基本給方式）（定額方式）（資格等級ポイント方式）（役職ポイント方式）
　　　（資格等級・役職ポイント方式）
　⑵　主な「掛金等」の計算方法
　　　（基本給連動方式）（勤続年数方式）（全員同額方式）（資格等級別金額確定方式）
　　　（役職別金額確定方式）（資格等級・役職別金額確定方式）
5．支給水準 ………………………………………………………… 49
6．最初に退職金規程ありき ……………………………………… 50

第4章　退職金積立制度 …………………………………………… 53

1．代表的な退職金積立制度（手段） …………………………… 53
2．中小企業退職金共済制度（通称、中退共） ………………… 54
　⑴　中退共の概要　　⑵　中退共の図解　　⑶　予定運用利回り変動の影響
　⑷　確定拠出タイプ（掛金建て）の退職金規程
　⑸　確定給付タイプ（給付建て）の退職金規程
　⑹　中退共＝退職金前払い、と認識すべし

3．特定退職金共済制度（通称、特退共）……………………… 65
4．厚生年金基金………………………………………………… 66
5．確定給付企業年金（DB:Defined Benefit Plan）…………… 68
　(1)　基金型企業年金（基金型 DB）
　(2)　規約型企業年金（規約型 DB）
　　　①規約型　給付建て DB（本格 DB）
　　　②掛金（保険料）建て DB（簡易型 CB）
6．確定拠出年金（DC:Defined Contribution Plan）（日本版401
　　ｋプラン）………………………………………………………… 74
　(1)　日本版401ｋプランの概要　　(2)　拠出金の限度額（平
　　成27年10月現在）
　(3)　マッチング拠出　　(4)　企業の感じる魅力
　(5)　導入は慎重に、確定拠出年金は「変額退職金」です！
7．生命保険……………………………………………………… 79
　(1)　生命保険で退職金準備　　(2)　養老保険
8．預貯金（有税積立）………………………………………… 81
9．前払い退職金と退職金の完全廃止………………………… 81
10．確定拠出タイプに適した積立制度…制度比較…………… 83

第5章　退職金制度設計の前提 …………………………… 85

1．3つの賃金…それぞれの支払い義務（債務）……………… 85
2．年間人件費総額の把握……………………………………… 88
3．退職金制度の「健康診断」が必要！……………………… 89
4．確定拠出タイプ、確定給付タイプによる賞与の役割……… 90
5．退職金の性格…功績報奨・老後保障から後払い説へ……… 92
6．固定概念の打破…制度見直しを遂げるために……………… 93

第6章　退職金制度見直しの行程 …………… 97

第1行程　　　現退職金制度から新退職金制度へ変更する
　　　　　　　予定年月日の設定と行程表の確認 ………… 99
第2行程　　　現行退職金規程の分析、内容の確認 ……101
　　（分析用規程例）
　1．退職金の支払い目的 ……………………………………… 108
　2．退職金規程の適用対象者、適用除外者、および受給要件
　　　………………………………………………………………… 110
　3．「退職一時金等」の計算方法、および制度形態 ………… 111
　4．支給水準の確認 …………………………………………… 113
　5．支払方法、および支払時期 ……………………………… 113
　6．支払い対象となる勤続年数 ……………………………… 114
　7．退職金の調整 ……………………………………………… 115
　8．退職金の支給制限 ………………………………………… 116
　9．退職金積立制度（手段）の確認 ………………………… 116
第3行程　　　「既得権」と期待権の把握、退職事由別仮
　　　　　　　退職金一覧表の作成 ………………………… 117
　1．「既得権」と期待権 ……………………………………… 118
　　(1)　「既得権」
　　(2)　「既得権」と退職事由別仮退職金
　　(3)　期待権
　2．退職金積立状況の確認 …………………………………… 120
　3．退職事由別仮退職金の把握と一覧表作成 ……………… 121
第4行程　　　制度見直し時における「既得権」の保証の
　　　　　　　仕方 ……………………………………………… 127
　1．退職事由別仮退職金と積立金および不足額一覧表 …… 127
　2．制度見直しの方向性 ……………………………………… 130
　3．「既得権」は2段（3段）構え ………………………… 131

(1)　「既得権」の設定と保証の仕方
　(2)　保証額の設定
4．確定給付タイプを維持した場合の不足金の準備 ………… 133
5．確定拠出タイプに変更した場合の不足金相当額の補填金準備 ……………………………………………………………… 134

第5行程　　新しい退職金制度の基本方針と骨格作り
　………………………………………………………………… 139
1．「のれん分け」……………………………………………… 140
2．具体的な支払い目的 ……………………………………… 141
3．支払い方（支払方法）…………………………………… 142
4．確定給付タイプ　OR　確定拠出タイプ ……………… 143
5．「退職一時金等」または「掛金等」の計算方法 ……… 145
　(1)　資格等級と役職を基準にした方法
　(2)　役職のみを基準にした方法
　(3)　「退職一時金等」「掛金等」に差をつけない方法
　(4)　給与比例方式の継続、または給与連動方式
6．支給水準の決定 …………………………………………… 152
7．モデル「退職一時金等」表、モデル「掛金等」表 ……… 153
　(1)　確定給付タイプのモデル「退職一時金等」表
　(2)　ポイント方式（確定給付タイプ）の問題点
　(3)　確定拠出タイプのモデル「掛金等」表
8．受給要件と勤続年数 ……………………………………… 159

第6行程　　退職金規程の不利益変更 …………………… 160
1．不利益変更の法理 ………………………………………… 161
2．不利益の程度等の把握 …………………………………… 163
3．「既得権」の確保の方法 ………………………………… 165
　(1)　ポイント方式導入の場合
　(2)　給与比例方式を継続し、支給水準を引き下げる場合
　(3)　確定給付タイプから確定拠出タイプへ変更

(参考文献―1) 退職金制度見直しによる旧制度清算金に
関わる覚書
　(4) 定額方式における「既得権」の確保
　4．会社の都合と従業員の理解 …………………………… 171
　5．代償措置 ……………………………………………………… 172
第7行程　　　退職金積立制度（手段）の検討 ………… 173
　1．新しい積立制度（手段）の検討 ……………………… 173
　2．タイプ別選択 ……………………………………………… 175
　（Aタイプ～Gタイプ）
　3．現行積立制度の取扱い、および金融機関との打合わせ
　　……………………………………………………………………… 181
第8行程　　　退職金規程の作成 …………………………… 182
　1．退職金規程の具体例 ……………………………………… 182
　　確定拠出タイプの退職金規程（規程例―1～規程例―4）
　　確定給付タイプの退職金規程（規程例―5～規程例―7）
第9行程　　　従業員説明会 …………………………………… 228
　1．説明会の要点 ……………………………………………… 228
　2．高年齢継続雇用制度と一体化した制度見直し ……… 234
　3．それでも不同意者が出た場合 ………………………… 235
第10行程　　　新退職金制度に関する諸手続と新退職金制度
　　　　　　　運用開始 ……………………………………… 236
　1．最終退職金規程の完成、労働基準監督署への届出と従業員
　　への周知 ……………………………………………………… 237
　2．積立制度の契約内容の変更・解約、新積立制度の契約 … 237
　3．新制度運用開始 …………………………………………… 238

第7章　　退職金制度と税・社会保険料 ………… 239

　1．退職所得控除 ……………………………………………… 239
　2．退職金制度見直し・廃止時における一時金（清算金）に対

する税の取扱い ··· 241
　(1)　所得税基本通達
　(2)　企業内退職金制度から中退共・確定拠出年金制度に移行する際に清算される一時金
　(3)　定年後再雇用時、定年延長に際しての退職金支給
　(4)　退職金制度の廃止に伴い支払われる一時金
3．積立手段で養老保険を採用した場合の保険料の経費処理
　　 ·· 247
　　《参考資料―1》「法人税基本通達」
　　《参考資料―2》「所得税基本通達」
4．積立手段で養老保険を採用した場合の社会保険料の取扱い
　　 ·· 253
　　《参考資料―3》「団体養老保険の保険料について」
5．前払い退職金の社会保険料の取扱い ······························· 255
　　《参考資料―4》「前払い退職金の社会保険料の取扱いについて」

第1章
制度疲労を起こしてきた退職金制度

1.「常識」の「非常識」化

　所謂「失われた20年」の中で、従来の退職金制度に内在する人事面での矛盾や、財務面での企業リスクが明らかになりました。これは、退職金原資の準備手段として創設された退職金積立制度の多くが、昭和30年代から40年代にかけての高度成長期に設けられたものであるということに起因しています。
　経済は、右肩上がりで成長するもの、インフレは当たり前、公定歩合（現在は、基準割引率および基準貸付利率に名称変更）に変動はあるもののほぼ5～8％、というような経済状況の「常識」の中で生まれたのが、税制適格退職年金（平成24年3月で廃止。以下、旧「適年」という）、厚生年金基金などの企業年金や中小企業退職金共済（以下、中退共という）、特定退職金共済（以下、特退共という）といった退職金積立制度です。
　その後、高度成長期から安定成長期に移り変わっても、これらの「常識」が覆されることはなく、このような制度に何の問題も生じることはありませんでした。
　こうした「常識」に疑問が生じ始めたのは、バブル経済が崩壊した後の平成8年頃からです。バブル経済に踊り狂った後の0成長、そしてマイナス成長、デフレ、金融機関の破綻、株価の大暴落、といった今までには想像もつ

かないような最悪の経済状況に陥ってしまってから数年後のことです。

そして「20世紀の常識は、21世紀の非常識」と言われるに及んで、退職金制度に関しても、20世紀の「常識」のままで退職金制度を維持することが相当に難しくなってきました。特にバブル崩壊後の退職金にかかわる様々な動きは、企業に退職金制度見直しを余儀なくしました。

先ず、それらの背景を見てみましょう。

2．退職金準備手段の税制優遇化と年金化

法人税等に対する優遇措置を付加された退職金準備手段として、最初に制度化されたのが退職給与引当金制度といえます。これは、まだ企業年金や中退共といった退職金の外部積立制度が創設されていなかった昭和27年に、法人税法改正によって設けられたもので、退職金支払いの原資として、一定額までを課税対象から外すことによって内部留保を促したものでした。

当初は期末における要支給自己都合退職金総額の50％相当額が非課税限度額とされていましたが、昭和55年に40％となり、平成10年から段階的に20％へ引き下げられました。

その後、平成14年4月1日より段階的に廃止されることになり、中小企業の場合、それ以降に開始される年度より1/10ずつ取り崩さなければならなくなりました（したがって、平成23年度決算期において、この引当金残高は0となっており、現時点では存在していません）。

ただし、退職給与引当金制度が創設された当時、退職金を退職金規程に基づいて制度化していたのはほとんどが大企業であり、中小企業で確固とした退職金制度をもつケースはほとんどありませんでした。

退職金制度が広く中小企業においても制度化され普及していったのは、昭和30年代後半から40年代にかけての高度経済成長期です。

●第1章　制度疲労を起こしてきた退職金制度

　高度経済成長期の中で、国は中小企業にも退職金を制度化し普及させることを推進し、その積立手段として中退共や旧「適年」などを創設しました。全国の商工会議所で取り扱っている特退共もその一つです。

　また、一時金受取であった退職金を、定年退職後の老後生活をより安定させるために退職後年金として受け取る（これを「一時金を年金化する」といいます。）制度が創設されました。この代表が厚生年金基金です。

　厚生年金基金は、当初大企業の退職一時金の一部を年金化する目的で創設されたもの（単独型基金）でしたが、その後、主に中小企業の同業種組合等で構成する総合型基金の創設により中小企業の一部にも普及していきました。ただし、この総合型基金は、何らかの恣意的意図をもって何者かが無理やり普及させた疑念が強くあり、実際に中小企業において厚生年金基金は、退職金の一部というよりも単なる福利厚生制度としか捉えられていないケースが多かったようです（単なる福利厚生制度なら、企業の都合で縮小や廃止をすることは比較的容易にできますが、厚生年金基金は現実的に不可能でした）。

3．もう一つの「常識」…給付建て（確定給付タイプ）退職金制度

　第2章で詳しく説明しますが、中退共などの退職金積立制度は、あくまで退職金原資を確保するための一つの手段にしかすぎず、退職金制度の中心をなすもの、つまり各企業の退職金制度の内容を決定しているのは、就業規則に規定された退職金に関する条項であり、別則化された退職金規程です。この中で各企業は、退職金の支払い対象者、支払い方法、計算方法、支払い日など制度のすべてを定めています。

　退職金制度が普及し制度化されて以後、ほとんどの企業は、退職金の支払い方法を一時金か年金とし、ある一定の計算方法により給付額を約束する給

付建ての退職金制度を採用してきました。これは、退職時の給付額を何らかの計算方法で約束していることから、現在の表現を用いれば確定給付タイプの退職金制度といえます。

　将来の給付額が確定しているということは、その給付額を退職時までに確実に積み立てておかなければなりません。従業員が退職したとき、退職金規程に基づき計算した退職金の額が常に準備されていなければなりません。

　退職金制度が広く中小企業にまで普及し始めて以降バブル崩壊まで、これは当たり前のことであり、何ら不安を抱くこともありませんでした。

4．運用環境と退職金

　まさしく退職金に関する諸問題は、バブル崩壊後の低金利・株安等による運用難に起因して起こりました。この為に、旧「適年」、厚生年金基金、中退共、特退共等の退職金社外積立制度のすべてが、当初予定していたように積立金運用が出来ず、予想を大幅に下回る運用実績しか残せなくなってしまいました。

　社外積立としての各退職金積立制度は、その全てが制度発足当時、最低でも５％以上の運用利率を見込んで始められました。毎月積立てていく掛け金等が年５％以上の複利で運用されていくということを前提にして、毎月の掛け金や保険料等の金額が決められていたのです。今から考えれば嘘のような話ですが、当時はそれが当たり前のこと、つまり「常識」だったのです。

　このことを証明するものとして、まず（**表―１**）に表した戦後の公定歩合（※注）の推移をご覧下さい。その時の経済状況により変動はあるものの、一時期を除いてほぼ５％以上となっています。又、株価も小刻みに上下変動を繰り返しながら、大きくみれば右肩上がりに上昇していくというのが「常識」でした。

●第1章　制度疲労を起こしてきた退職金制度

（表―1）戦後の基準割引率および基準貸付利率（従来の「公定歩合」）の推移表

改定年月	公定歩合	改定年月	公定歩合	改定年月	公定歩合	改定年月	公定歩合
昭和20.11	3.29	39.3	6.57	50.6	8.00	61.11	3.00
21.10	3.65	40.1	6.21	50.8	7.50	62.2	2.50
23.4	4.38	40.4	5.84	50.10	6.50	平成元.5	3.25
23.7	5.11	40.6	5.48	52.3	6.00	元.10	3.75
26.10	5.84	42.9	5.84	52.4	5.00	元.12	4.25
30.8	7.30	43.1	6.21	52.9	4.25	2.3	5.25
32.3	7.67	43.8	5.84	53.3	3.50	2.8	6.00
32.5	8.40	44.9	6.25	54.4	4.25	3.7	5.50
33.6	7.67	45.10	6.00	54.7	5.25	3.11	5.00
33.9	7.30	46.1	5.75	54.11	6.25	3.12	4.50
34.2	6.94	46.5	5.50	55.2	7.25	4.4	3.75
34.12	7.30	46.7	5.25	55.3	9.00	4.7	3.25
35.8	6.94	46.12	4.75	55.8	8.25	5.2	2.50
36.1	6.57	47.6	4.25	55.11	7.25	5.9	1.75
36.7	6.94	48.4	5.00	56.3	6.25	7.4	1.00
36.9	7.30	48.5	5.50	56.12	5.50	7.9	0.50
37.10	6.94	48.7	6.00	58.10	5.00	13.9	0.10
37.11	6.57	48.8	7.00	61.1	4.50	18.7	0.40
38.3	6.21	48.12	9.00	61.3	4.00	19.2	0.75
38.4	5.84	50.4	8.50	61.4	3.50	20.10	0.50
						20.12	0.30

　このような状況の中では5％以上の運用を見込んで退職金積立制度を設計するということは、「常識」以外の何ものでもありませんでした。しかしながらこの「常識」がバブル経済と共に崩れてしまったのです。

　そして、バブル経済崩壊から20年近くが過ぎ、その後遺症も収まりかけたかに思えた平成20年秋、日本経済はリーマン・ショックにより大きな打撃を受けました。そして、政権交代による「政策なき亡国の3年」がさらに追い打ちをかけ、更に厳しい状況となっていきました。

　その後の新政権により大胆な経済政策や日銀の金融政策の転換が打ち出され、これにより円安、株高の流れは加速され、少しずつ景気も上向き始めた

ようです。

　しかしながら、このような状況が今後どうなるのかは全く未知の世界です。経済評論家や金融アナリストが専門的な知識や経験に基づいて様々な予想を立てても、それは全て短期的なものであり、確実に将来を見通すことは不可能なことです。そして、短期的な予想でも大方は外れるものだと心得ておくべきです。

　退職金が将来に向かって蓄積され続ける債務である限り、経済状況や運用環境の影響を避けることはできません。この点をよく理解した上で退職金制度を見直していく必要があります。

　給付建て（確定給付タイプ）の退職金は、ほとんどの場合は従業員の勤続年数に応じて逓増していきます。その年数が長ければ長いほど退職金原資の確保は、運用益に左右されます。運用環境が改善し、昭和の時代のような状況が今後生まれるかもしれません。しかしながら、企業経営者は、そのような不確定な状況を当てにして経営は出来ません。それは、企業経営に博打を取り入れるようなものです。

　金融市場が好転しようとこのままであろうと、企業経営には影響を及ぼさない、少なくとも影響を極力抑えられる退職金制度の構築が、今急務となっています。

（※注）現在、公定歩合には政策金利としての意味合いはありませんが、当時の金利水準の最大の要因であり、運用環境を知る大きな手掛かりです。なお、平成18年8月より、公定歩合という名称は「基準割引率および基準貸付利率」に変更されています。

5. 運用益（利息）で支払っていた退職金

　では、運用環境が退職金の積立金にどれだけの影響を与えることになるか

●第1章　制度疲労を起こしてきた退職金制度

ご存知でしょうか？
　退職金は、月例給与や賞与とは異なり、入社してから退職するまでの期間累積していく企業債務です。現在、日本独特の雇用慣行といわれる終身雇用制が揺らいでいるとはいえ、入社して定年退職するまで40年前後の勤続年数となるケースは、決して少なくはありません。そして、その原資のほとんどは、企業年金や中退共などの社外積立制度により準備されています。
　ここで運用利率が退職金にどれだけの影響を与えているのかを、以下の条件で説明します。
1．退職金規程に定められた勤続40年、定年退職の退職金支給水準：約1,700万円
2．毎月の退職金積立額：10,000円
　社員が入社すれば将来支払うべき退職金原資を計画的に毎月1万円ずつ、40年間（480月）積立てていきます。積立金元本は、40年間をかけて1万円×480月＝480万円となりますが、40年後の積立金額は、その間の運用利率により大きな差が生じます。
　年5.5％複利、3.0％複利および年1％複利で、計算してみると、それぞれの利率で40年後（480月目）の最期の1万円を積立てたとき、積立金総額（元利合計金額）及び運用益（利息）は、**(表―2)** のようになります。
　このように運用利率が5.5％と1.0％では、40年間で運用益に1,100万円以上の差が生じます。運用利率5.5％が当たり前であった昭和の時代に、退職金規程により勤続40年の従業員の退職金水準を1,700万円程度に設定していて

（表―2）運用利率ごとの40年後の元利合計額

（毎月の積立金額　10,000円、積立期間　40年）

運用利率	40年後の元利合計額	内訳	
		積立金元本	運用益（利息）
5.5％	17,490,193円	4,800,000円	12,690,193円
3.0％	9,283,746円	4,800,000円	4,483,746円
1.0％	5,903,830円	4,800,000円	1,103,830円

も毎月1万円を積立てていれば、充分確保できたことになります。それが3.0％の状況では退職時に約800万円、1.0％の状況では約1,100万円が不足します。退職金規程に定められた退職金支給水準が1,700万円である以上、運用できなかったからといって支給額を減らすことはできません。つまり、この不足額は企業が従業員の退職時に別途負担しなければなりません。

　勿論、40年間、運用利率が全く変動しないということは考え難い話ですが、運用利率がどれだけ退職金支払に影響を与えるのか理解頂けると思います。

　つまり、運用利率5.5％が見込めた昭和の時代、退職金は運用益（利息）によって支払うことが出来たのであって、企業が負担した金額は退職金の一部にしか過ぎなかったということです。言いかえれば、（特に長期勤続になればなるほど）退職金は当時の金融市場の運用益が支払っていてくれていたのであって、企業の負担で「払ってやっている。」ものではなかったともいえます。退職金制度を新たに設けたり、従来の退職金制度を見直したりするとき、このことをしっかりと認識しておく必要があります。

6．確定拠出年金法の施行

　平成13年10月1日、確定拠出年金法が施行されました。確定拠出年金とは、アメリカの企業年金である通称401kプランを真似たということで、日本版401kプランといわれています。

　この制度について簡単に説明すると、会社は毎月何らかの基準により決定された金額をこの制度の中にある従業員口座へ拠出していきます。従業員はこの会社から拠出された金額を自己責任において運用していきます。その運用結果により、将来受け取る金額が決まってくるというものです。

　厚生年金基金など従来の企業年金は、将来の給付額が一定の計算方法によって確定している給付建て年金、いわゆる確定給付年金でした。これは、

●第1章　制度疲労を起こしてきた退職金制度

　先に述べたような運用難や予定利率の引き下げなどによって退職金原資が思うように積立てられず、積立金に不足が生じたとき、不足額は全て企業の責任において補填しなければならないものです。

　これに対して日本版401ｋプランは、毎月の企業の拠出金（毎月の掛金と考えればよい）を何らかの基準により確定させる掛金建ての年金であり、将来の給付額は、あくまで従業員個人の投資判断による運用結果により決まります。企業が責任を負うのは、原則として毎月の拠出金と制度運営費等であり、運用結果による金額の大小は何ら責任を負う必要もなく、それは従業員個人の自己責任となります。このため確定給付年金のような「積立不足」という概念自体が存在せず、今後如何に低金利・運用難が続いたとしても企業の財務面は何ら影響を受けません。

　詳しい仕組みについては第4章で触れますが、日本版401ｋプランはこれからの新しい企業年金の誕生として、かなりの話題性を持って大々的に登場しました。この制度は、もともと自民党の年金調査会で検討されたものです。そこでまとめられた自民党案に沿って、平成11年に当時の厚生・労働・通産・大蔵による「4省案」なるものが発表されました。これが現在の確定拠出年金法の大筋を決定づけています。

　4省案が出されるや否や、書店には「確定拠出型年金」とか「日本版401ｋプラン」という表題を付けた書籍が一斉に並び始めました。マスコミ等も「21世紀の新しい自己責任時代の年金制度」などと論調し、その為、中身のほどはともかく、この制度名は一般的に知れ渡っていきました。

　4省案の中において、確定拠出年金を導入する必要性として、①従来の確定給付型の企業年金等が中小企業や自営業者に普及していないこと、②様々な要因で雇用慣行が変化し労働異動が加速していること、③近年の低金利状況により確定給付型の企業年金（ここでは特に厚生年金基金を指すものと思われる）に積立不足が生じており、2000年度からの新企業会計基準においてこのことが企業の評価に影響しかねないことなどが挙げられています。

　特に③の必要性は、その当時、企業年金に莫大な積立不足を抱えていた企業にとっては、将に「地獄で仏」に会ったようなものでした。そして如何な

9

る経済状況、金利水準においても「積立不足」という概念自体が存在しないこの制度は、当然企業にとっては魅力的なものとして大企業を中心に制度導入がはかれらました。

　確定拠出年金は、これからの新しい退職金制度を構築していく中で検討すべきものであることに間違いありません。しかしながら、この制度は、中小企業の退職金制度としては多くの問題点をかかえています。この点については第4章で詳しく解説します。

7．確定給付企業年金法の施行

　半年後の平成14年4月に確定給付企業年金法が施行されました。この法律によって厚生年金基金の代行部分返上が可能となりました。また、旧「適年」は、平成24年3月をもって廃止されました。

　この企業年金法が成立した背景には、やはり低金利・運用難による積立不足という状況と企業年金の所轄の問題があります。つまり、このような状況では将来的に労働者の退職年金や退職一時金の受給権の確保が危ぶまれる状況になってきたこと、また、旧「適年」は法人税法を根拠としており、所轄は財務省（旧大蔵省）であるのに対し、厚生年金基金は厚生年金保険法が根拠で、所轄は旧厚生省であり、企業年金として1つの省庁の所轄とする必要性が増してきたこと等が挙げられます。その為、企業年金は、確定給付企業年金法を根拠に厚生労働省において一括して監督し、労働者の受給権をより強化するための変革が必要となっていたのです。

　確定給付企業年金法は、基金型、規約型という新たな企業年金を創設し、徹底した受給権の保護が図られています。

　尚、この企業年金法の施行により、単独型・連合型といった大手企業を中心に組織された厚生年金基金の多くは、基金財政上相当な負担をした上で代

行部分を返上し、基金型の確定給付年金に変わったり、中には基金を解散したりしました。

8．新会計基準の導入（退職給付会計）

　2001年3月期より、従来の会計基準では財務諸表にはなかった退職給付債務が、新会計基準により財務諸表に表されるようになりました。この新会計基準が適用されるのは公開会社等の証券取引法が適用される企業であり、ほとんどの中小企業は直接的な影響はないといえます。
　しかし、表面に出るか出ないかという問題よりも、このような債務があるかないかという実態のほうがはるかに重要な問題であり、中小企業であっても退職給付債務は必ず把握しておかなければなりません。
　では、まず「退職給付」とはいったいどのように捉えればよいのでしょうか。これは労働者が労務の提供をしたことにより生じた企業の果たすべき義務（債務）の内、退職時又は退職後に支払われる賃金と理解すればよいでしょう。この退職給付を従業員に約束すれば、「退職給付債務」が発生するということになります。
　このようにみると、会計上では退職給付は「賃金の後払い」として認識されているといっていいでしょう。また、債務の大部分は月例賃金や賞与などで毎月又は毎年清算されてしまいますが、従来型の給付建て（確定給付タイプ）の退職金制度では、勤続年数が増えるに従い「退職給付債務」が増加していき、従業員の退職時以降になって初めて清算されることになります。したがって、退職給付債務とは今まで表面に出てこなかった企業の「隠れ借金」を意味するものといえます。
　この退職給付債務は、複雑な年金数理計算の技法を用いて行われることになっていますが、中小企業（おおよそ300人未満の企業）においては、事務

費の負担、数理計算上の信頼性等の問題を考慮して、「簡便法」といわれる算出方法が認められています。
　簡便法による退職給付債務は、以下のとおりです。

(退職一時金の場合)
期末において、従業員全員が自己都合退職したと仮定した場合に必要となる退職一時金の総額を退職給付債務とする。

(企業年金の場合)
直近の年金財政計算上の「責任準備金」をもって、退職給付債務とする。

　なお、中小企業の場合は、確定給付企業年金等により退職金積立を行っていても、民事上の退職金支払い義務が生じるのは退職金規程または退職金支払い慣習によります。したがって、あくまで中小企業の退職給付債務は退職一時金の場合の算出方法を用いて把握するべきです。

9．産業構造・雇用環境の変化…「労働力の漂流化」

　重厚長大産業からサービス産業、ハイテク産業、そして介護福祉事業などへと産業の中心は大きく変わってきています。にもかかわらず、これらの産業間での労働力の移動がスムーズに進められているかというと決してそうではありません。
　パートタイマー・フリーター・派遣労働者等の所謂非正規従業員が増加し、一見雇用の流動化が進んだようにも見えますが、これらは、単に従業員としての企業内での身分や資格区分が変化しただけであって、雇用が流動化し適材適所に人材が再配置されたということではありません。

●第1章　制度疲労を起こしてきた退職金制度

　これは、バブル崩壊後のリストラの一環として行われた人員合理化、労働者派遣の法的な制度確立等によりに生じたもので、この現象は雇用の流動化というより「労働力の漂流化」と称した方が正解ではないでしょうか。日本独特の労使慣行であった終身雇用制が揺らぎ、それとともに従業員の愛社精神が以前より薄くなってきている現状をみれば、雇用が不安定化していることは間違いないでしょう。今後、更に産業構造の変動が予想される中で、「労働力の漂流化」ではなく真の雇用の流動化を促進する政策が必要となっていることは間違いありません。

　そして、過去の主力産業から未来の主力産業へ労働力を移動していかなければなりません。これには産業界をはじめ政・官・学が共同して産業構造の変化に対応できる能力を持つ人材を育成することが必要ですが、それと同時に企業側からの雇用契約の解除（これを「解雇」といいます）に対する様々な制約を緩和する法的根拠が必要となります。

　勿論、単に企業の都合で従業員を解雇しやすくすればいいといっているのではありません。あくまで新しい産業への知識等の対応力を身につける政策と一体をなして、産業間の労働力の移動を活発化するための雇用政策が必要だと言っているのです。

　このような労働力の移動が活発化していけば、従来の退職金制度の見直しが必要になってくることは間違いありません。日本独自の制度といわれる退職金に対しては、以前から廃止や縮小等の意見がありました。特に従来型の退職金制度は、終身雇用制を前提に勤続期間が長くなればなるほど有利な設計になっているものがほとんどであり、これは雇用の流動化には背反するものかもしれません。

　実際、企業年金の積立不足、確定給付企業年金法施行などの影響で退職金自体を廃止した企業や、後に述べる退職金前払い制度を採用することにより、実質的に退職金制度廃止とした企業も少なくありません。

　退職金という企業にとって長期に渡り負い続けなければならない債務を、これからも維持することは、負担の大きい、リスクの高いことでもあります。今後そのような高負担・ハイリスクを負ってまで、この制度が本当に必要な

のかどうか、必要であるならば、今のままの制度内容でよいのかどうか、しっかりと検討していかなければなりません。

10. 厚生年金保険、厚生年金基金と退職金制度

　公的年金制度である厚生年金保険・国民年金の財政方式は、賦課方式になっています。これは、高齢者である年金受給者が受け取る年金原資を、現役世代の被保険者が納める保険料でその都度賄っていく制度です。
　このため、我が国の大きな社会問題である少子化と高齢化は、年金制度に甚大な影響を与えています。つまり、少子化により保険料を納める現役世代が減っていき、高齢化により年金を受給する高齢者が逆に増えています。この状況で年金制度を健全に維持することは誰が考えても不可能なことです。
　そこで多くの制度内容の見直しが図られています。その中で特に目立つのは、支給開始年齢の繰り下げと給付水準の引き下げ、そして保険料の大幅な値上げです。支給開始年齢は、満60歳で受給権が発生していたものが段階的に満65歳に繰り下げられました。また、支給水準は知らず知らずのうちに、この20年間で異常なまでに引き下げられています。その上で保険料は毎年値上がりしています。特に厚生年金保険料は一方的な異常な値上げといっても過言ではないでしょう。
　ただ、このような制度の見直しをここで批判するつもりはありません。高齢化ということは、国民の寿命が延びて長生きできる社会になったということであり、喜ばしい幸福なことです。したがって、数々の年金制度の見直しは、不満もあるでしょうがやむを得ないことなのかもしれません。更にこれからの高齢化社会を考えるなら、消費税増税というのも避けて通れない道かもしれません。
　元々、公的年金制度は、制度を維持運営するために５年毎に見直しを行っ

●第1章　制度疲労を起こしてきた退職金制度

ています。これは、年金という限りの無い期間にわたり運営しなければならない制度の健全化のために必要不可欠なことです。

　また、積立不足により危機的状況にあった厚生年金基金は、基金の早期解散を促すための特例的な解散制度の導入や他の企業年金制度への移行を促進するための措置等を行うことを内容とする「公的年金制度の健全化および信頼性の確保のための厚生年金保険法等の一部を改正する法律」（いわゆる、「健全化法」です）が平成26年4月に施行され、中小企業の厚生年金基金である総合型基金の大半が解散しています。

　なお、厚生年金基金は厚生年金の賦課方式に対して積立方式の企業年金です。国民年金や厚生年金保険の財政方式を積立方式に変更することが以前主張されたことがありましたが、今この主張は全く聞きません。厚生年金基金の状況が、年金の財政方式を変更しても何ら解決策にはならないことを証明したからです。

　このような制度見直しは、企業の退職金制度にも必要です。退職金は賃金の一つですが、月例賃金や賞与と違って従業員が入社してから退職するまでの長期間にわたり企業に生じる債務です。従来型の確定給付タイプの退職金制度は、この債務が退職時まで清算されることなく累積していきます。したがって、公的年金制度と全く同じ性質のものと捉えなけれななりません。

　公的年金が5年毎に制度見直しを行うように、退職金制度も5年に一度とはいいませんが、経済状況、社会情勢、そして企業の業績、または雇用状況などを考えて適度な見直しが必要であることは間違いありません。

11. 第1次退職金ショック

　昭和の高度経済成長末期において、退職金に係る大きな問題が生じました。この内容について説明します。

これは、昭和40年代後半から50年代前半にわたって起こりました（昭和45年は大阪万博の年です）。その当時の退職金の計算方法は退職時の基本給に勤続年数によって定められた支給率を乗じて退職金の金額を算出する、所謂「給与比例方式」（詳細は後述しますが、現在でもこの方式を採用している企業は多くあります）と呼ばれるものがほとんどでした。

　昭和45年から昭和50年にかけて春闘（毎年春先に行われる労働組合による賃上げ闘争）による賃上げ率は、毎年2ケタとなり、昭和49年においては実に32.9％（主要企業）という今では考えられないものになっていました。この結果、この5年間で賃金水準は約2倍に膨れ上がっています。この急激な賃上げによる基本給の上昇は、そのまま退職金額の上昇に結びついたことは言うまでもありません。そして、このときに初めて「退職金倒産」という言葉が生まれました。

　このような制度を続けていくと、退職金を支払う為だけに事業活動を行っていることになってしまいます。退職金は将に「青天井」、当然企業からみればこのような退職金額の急騰は許容範囲を超えたものであり、大きな企業リスクになったといえます。私は、このときの退職金問題を第1次退職金ショックと呼んでいます。

　この第1次退職金ショックの対応策として考えられたのが退職金を基本給から切り離し、賃金の上昇が退職金に影響しない新しい退職金の計算方法を作り出すことでした。そして、退職金規程を改訂し、「第2基本給方式」「加給方式」更には「職能・勤続ポイント方式」といった新しい退職金の計算方法が大手企業を中心に採用されるようになっていきました。

　第1次退職金ショックは、日本経済の成長過程（インフレ期）に賃金水準が急上昇したことによる予想外の負担増であったといえます。しかしながら、経済そのものも成長し、物価も上昇していく中での負担増である為、第1次退職金ショックは、次に説明する第2次退職金ショックに比べると比較的企業の受けるダメージは少なかったといえます。

●第1章　制度疲労を起こしてきた退職金制度

12. 第2次退職金ショック

　バブル経済崩壊後の経済環境や雇用環境は、企業の退職金制度に大きな変化をもたらしました。そして、確定給付企業年金法が施行された平成14年以降の10年間は、将に「退職金制度見直しブーム」と呼んでもおかしくない状況だったといえます。この状況は、退職金をめぐる企業リスクの顕在化であり、私はこれを第2次退職金ショックと呼んでいます。

　今まで経験したことのないデフレ、低金利、運用環境の悪化、そして旧「適年」や厚生年金基金における莫大な積立不足は、運用環境が好転しない限り将来の退職金支払いを困難なものにし、確実に支払おうとすれば、企業の追加負担は増大し、そのため財務内容は悪化し企業の存続すら危ぶまれる可能性があったからです。

　このような状況の中で、大企業は大幅な退職金制度の見直しを図りました。具体的には厚生年金基金の代行部分返上（ほとんどが単独型基金である為、中小企業等が加入する総合型に比べ容易であった）、旧「適年」の廃止に伴う確定拠出年金やキャッシュ・バランス・プランの導入などが挙げられます。これらは、基本的に就業規則の一部である退職金規程・退職年金規程を全面的に改訂し、将来の退職金債務の圧縮に力点を置いたものです。

　第2次退職金ショックは、バブル経済崩壊後の大不況期（デフレ期）に生じた、過去の矛盾の表面化であったといえます。

13. 中小企業の第2次退職金ショックは終焉せず！

　中小企業における退職金制度の見直しは、第2次退職金ショックの中でど

のように行われたでしょうか。旧「適年」契約をしていた中小企業は、廃止を前に何らかの形で退職金制度の見直しを迫られました。ただし、先に述べたように中小企業の場合、一部を除いては旧「適年」に代わる他の積立手段に変更（例えば、旧「適年」から中退共への移行や旧「適年」を解約し生保商品を契約など）した以外は抜本的な制度見直しは行わず、ほぼ従来通りの退職金制度のままになっています。

また、特に中小企業で旧「適年」以外の手段（中退共や特退共など）で退職金原資を準備していた企業は、第2次退職金ショック自体が認識さえされておらず、「他人事」でしかなかったようです。したがって、これらの企業は、旧態依然の退職金制度がそのまま存在している状況です。

低金利・低運用の状況が続いていくと従来型の給付建て（確定給付タイプ）の退職金制度では企業の負担がますます増大してしまうことは間違いありません。仮に今後、運用環境が好転していったとしても、それは何時まで続くのか、将来的にどうなるのかすら分かりません。事実、バブル経済が崩壊した後の所謂「失われた10年・20年」を過ぎ、徐々に好転するかにみえた日本経済も平成20年秋のリーマン・ショックで大失速してしまいました。

退職金債務は、企業リスクの代表格であることを認識して、早急な対策が求められています。景気や運用環境、また海外の経済状況といった外部要因に左右されない退職金制度の構築が急務です。

14. 中小企業の退職金制度の現状

現在の退職金制度に何らかの不安や危惧があり、このままでよいかどうかと悩んでいる中小企業は、潜在的なニーズを含めれば相当数にのぼるものと思われます。特に旧「適年」廃止の際、制度を根本的に見直した企業以外、退職金制度の諸問題は何ら解決していません。

●第1章　制度疲労を起こしてきた退職金制度

ほんの数例ですが、中小企業の退職金制度の現状を覗いてみましょう。

（現状―1）

> 　新しい法律により税制適格退職年金制度が廃止になるといわれ、大手生保会社と契約していた企業年金（旧「適年」）を中退共に移行し、その後毎月中退共に対し全従業員一律10,000円の掛け金を納付しています。
> 　従前の退職年金規程は、知り合いの社労士さんに依頼して新しい退職金規程に書き換えてもらいました。ただし、退職金の計算方法や支払水準は従前のままです。
> 　先日、中退共移行後初めての退職者が出ましたが、中退共から支払われた金額では退職金規程の退職金には全く足りず、かなりの額を会社が別途負担する羽目になりました。こんなことがこれからも続くのであれば、退職金倒産しそうです。

（現状―2）

> 　旧「適年」を中退共に移行するとともに、これだけでは退職金の準備が出来ないとのことで、新たに会社契約で従業員全員を被保険者とする養老保険に加入しました。退職年金規程は、退職（一時）金規程に書換えたが、計算方法や支給水準等はそのままです。ただ、以前より退職金積立のための年間経費が数倍に増え、経営上大きな負担となっています。これでは、毎年の利益が全て退職金のために消えてしまいそうです。

（現状―3）

> 　以前より中退共で退職金の積み立てをしています。退職者が出ると当社の退職金規程に基づいて退職金を計算しますが、以前は、中退共から支払われる額の方が計算した額より多く、退職者は退職金規程に定められた額以上を受け取っていました。しかし、ここ数年前から退職者が出るたびに中退共からの支払われる額だけでは足りなくなってきており、その都度会社から不足分を補てんしています。中退共の予定利回りが以前に比べかなり低くなってきたからだとお聞きしましたが、今後どうなるのか心配です。

(現状―4)

> 旧「適年」を簡易型CBという確定給付企業年金に移行し、退職金の計算方法や支給水準などは、従来の退職金規程の内容を引き継いでいます。この企業年金だけでは退職金が不足するので保険会社から新たに養老保険契約を勧められていますが、そんな余裕はありません。

第2章

退職金制度の捉え方

1. 退職金制度の2つのパーツ

　従来の退職金制度を見直すとき、制度自体をどのように捉えたらよいでしょうか。実はこの捉え方が制度見直しにおいて最も重要なポイントです。これがはっきりと頭の中で整理されていないと、作業はなかなか前には進みませんし、進んだとしても肝心な問題点は置き去りにされ、解決されないままになってしまいます。といっても何も難しいことではありません。言われれば当たり前のことなのですが、残念ながらこの当たり前のことが曖昧になっている方が実に多いようです。

　まず、退職金制度は、「退職金規程」と「退職金積立制度」の2つのパーツに区分することができます。退職金規程は、その企業における退職金制度の内容（適用範囲、計算方法、支払い方法、支払日など）を規定し、その支払いを従業員に約束しているものです。退職金積立制度とは、例えば中小企業退職金共済、特定退職金共済、確定給付企業年金法に基づく企業年金、確定拠出年金企業型（日本版401kプラン）、保険商品（主に養老保険など）や預貯金等（預貯金や保険等は制度として存在するものではないが、積立手段としてここに入れる。）といった退職金の準備手段です。

　「退職金規程」と「退職金積立制度」とは、退職金制度の中でそれぞれの

役割を持って存在しています。この役割と両者の関係を的確に把握し、制度の全体像を捉えることが退職金制度見直しを行う上で最も重要なことです。また、このことは新たに退職金制度を新設する場合も同様です。

2．退職金規程

　労働基準法第89条3号の2が「退職手当（退職金）の定めをする場合においては、適用される労働者の範囲、退職手当の決定、計算及び支払いの方法、並びに退職手当の支払の時期に関する事項を定めなければならない」と規定しているとおり、退職金規程は、従業員に対する労働条件等を定めた就業規則の中で、退職金に関する事項を独立させ別則にしたものです。つまり、退職金規程は、企業が従業員に約束した労働条件の一部にほかなりません。
　この規程を定めることで企業は、従業員に対して将来の退職時にこの規程の内容に従って退職金を支払う義務（債務）を負うことになります。つまり、退職金規程を定めることにより退職金債務が発生するのです（勿論、規程はなくても退職金の支払いが一定の支給基準により慣行化していれば支払い義務が生じ、退職金債務も生じます）。
　世俗的な言い方をすれば退職金規程は、従業員の退職時を返済日に指定した企業（使用者）が従業員（労働者）に対して発行している「借金の証文」そのものです（図―1）。
　誰に、何の目的で、何を基準に、いくら、どんな方法で、何時支払うのか、といった退職金制度の詳細が全て規定されているのが退職金規程です。

●第2章　退職金制度の捉え方

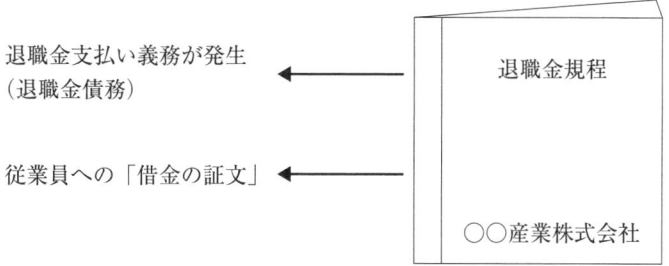

(図—1)　退職金規程

3. 退職金積立制度

　主な退職金積立制度（手段）は、以下のようなものがあります。

・中小企業退職金共済
・特定退職金共済
・確定給付企業年金規約型
・確定給付企業年金基金型
・厚生年金基金
・生命保険（養老保険が主流）
・確定拠出年金企業型（日本版401kプラン）
・預貯金

　これらの退職金積立制度の役割とはどのようなものでしょうか。退職金規程の定めに従って企業は従業員が退職したとき退職金を支払いますが、常時その原資を準備しておくことは困難極まりないことです。同時に複数の、それも勤続年数の長い従業員ばかりが退職したとしたら、はたして確実に退職金を支払う事ができるでしょうか。景気も大変よく、かなりの利益が生じた

決算年度であれば問題ないかもしれません。

しかし、当然不景気の時もありますし、努力しても赤字になることもあります。そんなとき従業員が退職することになったら、退職金規程どおりに確実に退職金が支払えるでしょうか。退職金の支払いを約束しながら、実際の退職時には支払う原資がないのでは、それを当てにしている従業員はたまったものではありません。

どのようなときにでも退職金の支払いを確実にするには、一時的に負担が集中することを避け、普段から平準的に退職金の原資を積立てる必要があります。そして、積立易くするためには税制上の優遇措置も必要となります。これが将に各退職金積立制度です。これらは、退職金規程によって生じる企業の退職金支払義務（退職金債務、俗な言い方をすれば従業員への「借金」）を、将来の退職時に履行するために存在する準備手段です。

したがって、どの退職金積立制度を採用するかは、退職金規程に定められた内容により決まってきます。退職金規程の内容も決まっていないのに、どの積み立て制度を選択すればよいのかを検討することは本末転倒であり、本来の退職金を支払う目的を見失いかねない愚かな行為といえます。

バブル崩壊後の旧「適年」等の企業年金における積立不足の原因が、低金利・運用難にあったことは間違いないことなのですが、この退職金規程と退職金積立制度の関係をしっかりと捉え認識すれば、積立不足が生じる「元凶」は退職金規程（旧「適年」の場合は退職年金規程）にあったことは明らかです。

退職金規程によって生じている年度末の退職金債務に対して、退職金原資（責任準備金）が予定通りに積み立てられていない状態が積立不足です。この金額の差が大きくなれば、退職金積立金だけでは近い将来退職金を支払うことが出来ない恐れが生じていたのです。

このことは、何も企業年金に限ったことではありません。中退共にしろ、特退共にしろ、バブル経済崩壊後は運用難に喘ぎ、過去のような運用益で退職金原資を積み立てることは不可能です。どのような制度、手段を使っても同じことです。

●第2章 退職金制度の捉え方

4．退職金制度、主たるものと従たるもの…この捉え方が制度設計のカギ

　ここまで述べてきたことを図に表すと、退職金規程と退職金積立制度の関係は、(図—2) によって表されます。図に示すと理解し易くなると思いますが、まさしくこの2つのパーツは主従関係にあります。退職金規程が土台となり、その中で定められた内容に最も適した退職金積立制度が決定されるわけです。どの積立制度を採用するかは、退職金規程次第です。

　前の章で第1次退職金ショックについて簡単に述べましたが、そのときに問題になったのは、退職金規程の内容にあるのは明らかでした。退職時基本給を算定の基準とする計算方法に問題があったのです。したがって、例え基本給が青天井のままでも、それに連動しない退職金計算方法に退職金規程の内容を変更しなければならないことは誰の目にも明らかでした。退職金積立手段を変更する必要はありませんでした。

　それに比べ、第2次退職金ショックは、第1次とかなり様相が違っている

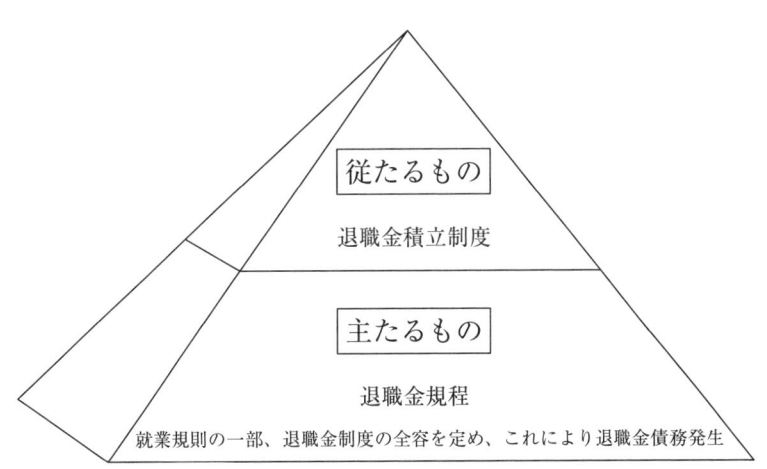

（図—2）退職金規程と退職金積立制度（手段）の関係

かのようにみえました。先に述べましたが、低金利・運用難で退職金原資が思ったように積立てられないことは、退職金積立制度に原因がありました。そのことが問題を少々ややこしくしてしまったようです。

例えば、企業年金の莫大な積立不足が問題になりましたが、それでは他の方法で積立てていれば積立不足は生じなかったのかというと、答えはノーです。バブル崩壊後の低金利・運用難の時代にあっては、どのような制度や手段を用いても、また誰が運用したとしても積立不足は発生してしまいます。そして、その積立不足とは先に述べたように「退職金規程によって生じている退職金支払義務」に対して積立金が不足していることです。どんな積立制度でも昔のような利回りの良い退職金積み立てが出来ない以上、まず、退職金規程を見直さなければ何の解決にもなりません。

退職金制度を新たに設ける場合、また見直す場合、退職金規程が主たるもので積立制度（手段）は、あくまで退職金規程に支配される従たるものでしかないということをしっかりと認識する必要があります。これが最も重要なことです。

5．退職金制度新設・見直しの順序

したがって、退職金制度を新たに構築したり、既存の制度を見直したりする場合の順序は、基本的に（図―3）のようになります。先ずやるべきことは、

1. 現行退職金規程の内容を充分に分析・把握することです。退職金は何の目的で支給しているのか、退職金額の計算方法（支給基準）、支給方法、支給水準、支給要件や現時点での退職給付債務の額をしっかりと掴みます。
2. 退職金原資の積立状況を確認します。企業単位、個人単位での積立金額

●第2章 退職金制度の捉え方

(図―3) 退職金制度見直し・新設の手順

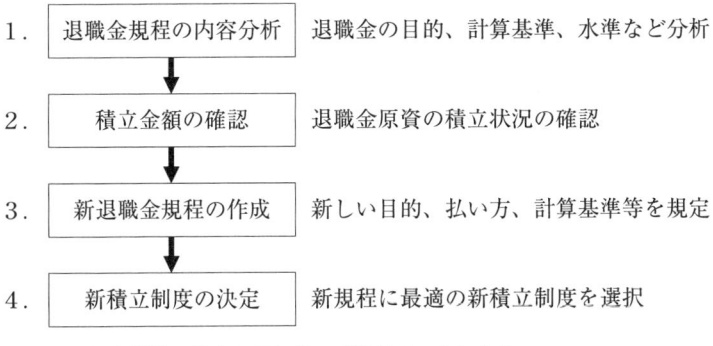

※ 制度新設の場合は③と④の手順だけになります。

を把握します。そして1．の現時点での退職給付債務に対して積立原資が足りているのか不足しているのか比較していきます。この1．と2．により現在の退職金制度の全体像を掴むことができますが、それと同時に現行の退職金制度の様々な矛盾や不合理な現状が明らかになることもあります。

3．第3章で説明する退職金規程の重要な5つの項目（①退職金制度の目的、②給付建てか拠出建てか、③退職金の支払い形態、④「退職一時金等」「掛金等」の計算方法、⑤支給水準）を中心に内容を具体的に検討しながら新しい退職金規程を作成します。

4．その内容に最も適した積立制度または手段を選択します。間違っても、何か他に運用成績の良い積立制度はないか、などと考えて真っ先に積立制度（手段）に目を向けないでください。それは何の意味もないことです。全く無駄なことです。

退職金制度見直しの相談を受けたとき、先ず私が申し上げるのは「現在の退職金規程の内容で退職金を払いつづけていきますか？それともこの際、思い切って廃止してしまいますか？この両極論を視野に入れて、新しい退職金制度を考えていきましょう。」ということです。

なお、初めて退職金制度を設ける場合も理屈は同じです。1.と2.の現状分析がないだけです。(図—3)の3.「新退職金規程の作成」において退職金支払の目的、払い方、計算基準等を検討し規定化します。そして、4.「新積立制度の決定」において③の規定内容に最も適した積立制度を選択すればよいわけです。

　ただし、ここで断っておきますが、この「主たるもの」、「従たるもの」という表現は、あくまで退職金制度設計における認識方法であって、決して「従たるもの」である退職金積立制度を軽んじているのではありません。第4章で詳しく説明しますが、確定給付企業年金、確定拠出年金企業型、中小企業退職金共済、特定企業退職金共済、生命保険などは、退職金制度を維持・運用するにはなくてはならないものです。

　したがって、制度運営において退職金規程と退職金積立制度は車の両輪といえます。

第3章

退職金規程の重要項目

　退職金制度の大幅な改革を成し遂げるには、また新たに継続可能な制度を設けるには、人事面と財務面に特に留意しながら退職金規程を作成し、制度構築をしなければなりません。では、その為には具体的に退職金規程の中で何を明確にしていかなければならないのでしょうか。私は以下の5つの項目を重点的に検討し、明確にしていくことが特に重要なことであると考えています。

① 何の目的で退職金を支払うのか・・・退職金の目的（目的）
② 制度形態をどうするのか・・・・・・確定給付タイプか、確定拠出タイプか（形態）
③ 何時、どのようにして支払うのか・・支払い方（支払方法）
④ 何を基準にして支払うか・・・・・・算出基準（計算方法）
⑤ どの程度支払うか。負担できるか・・支給水準（水準）

1．退職金制度の目的

　どのような規則や規程であっても第1条には、その規則等の「目的」が定められているのが一般的です。退職金規程も第1条「目的」から始まりま

す。この「目的」を明確にすることが人事面における最初の検討事項です。

　どのような制度においても、まず目的がはっきりしているからその必要性が生じるのであり、目的のないものに必要性は存在しません。当たり前のことですが、目的が見つからなければ退職金規程を作成する必要はありませんし、退職金を支払う必要もないことになります。

　よくある退職金の目的は、
- 勤続期間の会社への貢献に報いるため（功績報奨的要因）
- 社員の退職後の生活保障の一手段として（福利厚生的要因）
- 職務遂行能力の高い社員を長期安定雇用するため（人材確保・有能社員の足止策）
- 他の会社に退職金制度があるから（消極的要因）・・・・・・等々

といったものがありますが、これらの目的が退職金を何のために支払うのかを明確にし、退職金制度の方向性を決定づけることはいうまでもありません。

　勿論、目的は1つとは限りませんが、どのような目的を重要視するかによって基本的な制度形態、支払方法、算出基準（計算方法）などが決まります。

　例えば、功績報奨として支払うのが目的であれば、在任期間中の会社への功績が反映される算出基準を設定しなければなりません。定年退職後の生活保障が大きな目的であれば、特に勤続年数に重きを置いた算出基準になるかもしれませんし、支払方法は年金払いが最も適しているかもしれません。有能社員の足止め策であれば、定年退職金と定年前中途退職金の支給率に大きな差を付けることになるかもしれません。

　このように退職金の目的が制度の骨格を大きく左右することに間違いありません。退職金は何のために支払うのか、何故必要なのか、じっくりと腰を据えて検討する必要があります。

　今、あなたの企業ではどのような目的をもって、退職金を支払うことを従業員に約束されるのでしょうか。いろいろ検討してはみたが、「我社には退職金を支払う目的が浮かばない、だから必要性の無いことがわかった。」ということであれば退職金制度は必要ありませんし、既に制度がある場合は廃

●第3章　退職金規程の重要項目

止するという選択をされてもよいわけです。必要でないものにお金や時間を掛けるほど大きな無駄はありません（ただし、退職金を廃止する場合を含め、退職金規程の不利益変更にはかなりの注意が必要です。後述）。

　退職金は、企業にとって長期にわたる債務として大きな負担を強いるものです。したがって、企業は目的が曖昧であったり、目的そのものが見い出せなかったりするなら、退職金制度を設ける必要はありません。

2．確定給付タイプ（給付建て）か、確定拠出タイプ（掛金建て）か

　ここで、この確定給付タイプと確定拠出タイプについて定義します。
　なお、一般的に確定給付・確定拠出、および給付建て・掛金建てといった呼称は年金制度の中でよく使用される用語です。しかしながら、本書では企業年金に限らず全ての退職金の制度形態として使用します。したがって、この定義づけは、あくまで本書の中に限り使用するものであることをお断りしておきます。

（確定給付タイプ）
- 何らかの基準（勤続年数や退職時基本給、職能ポイントなど）によって、将来支払われる退職一時金や退職年金等（以後、本書では「退職一時金等」という）の支給額、又はその計算方法が退職金規程の中に定められ確定しています。
- 退職時又は退職時以後でないと退職金債務は清算されません。
- 退職金積立金の運用実績が当初の予定を下回れば積立不足が生じ、企業には通常の積立金以外に別途負担が生じます。
- 景気の動向、運用環境などの経済的要因が企業の財務面に大きな影響を与えます。

（確定拠出タイプ）

- 何らかの基準（役職、職能等級、給与額等）により、毎月（又は毎年）企業が支払う拠出金、掛金、前払い金、保険料等（以後、本書では「掛金等」という）の額、又はその計算方法が退職金規程に定められているだけです。従業員が受け取る「退職一時金等」の額や計算方法は一切定められていません。
- 企業は、毎月（または毎年）「掛金等」を直接従業員、または何某かの積立制度（金融機関等）に支払っていけば、退職金債務はその都度清算されていきます。
- 「掛金等」は、退職金規程に定められた計算方法により決まり、景気の動向、運用環境などの経済的要因に何ら影響を受けることはありません。
- 従業員が退職後どれだけの金額を受取るかは、本人または積立制度における運用次第であり、原則として「掛金等」以外の負担が企業に生じることはありません。

「退職一時金等」か「掛金等」か、どちらの計算方法を規定するかによって、確定給付タイプの退職金規程か、確定拠出タイプの退職金規程かが決まります。したがって、制度設計上非常に重要な選択になります。また、この決定は、退職金積立制度の選択に直接、且つ重大な影響を与えます。具体的には後の「退職一時金等及び掛金等の計算の方法」にて説明します。

昭和30年代、40年代の高度成長期においては、確定給付タイプの退職金制度には何の疑問もなく、また不安もありませんでした。

しかしながら、これからの退職金制度設計には、ここが大きなポイントになります。先にも述べたように「20世紀の常識は21世紀の非常識」といわれる中で、たとえば30年先、40年先まで清算できない負債を、はたして企業が従業員に約束できるのか、また約束してもいいものなのかという疑念が非常に強くなっているからです。

従業員にしてみれば、今までのように将来の退職金額が確定しているほう

●第3章 退職金規程の重要項目

(表—3) 制度形態別名称の定義

退職金制度形態	退職金規程に定めた基準による支払方	本書で使用する名称
確定給付タイプ	給付建ての退職一時金・退職年金	「退職一時金等」
確定拠出タイプ	掛金建ての掛金・拠出金・保険料、及び前払金	「掛金等」

が、安心感があってよいと思うかもしれません。しかしながら、それで将来的に制度の維持・運営が出来るのか、企業の経営面、特に財務面に大きな打撃を与えないのか、という危惧が生じてきます。

したがって、この2つのタイプのどちらを選択するかは、企業にとっては人事面よりも財務面を考慮した重要項目であるといえます。

3．退職金の支払い方法

(図—4) 退職金の払い方

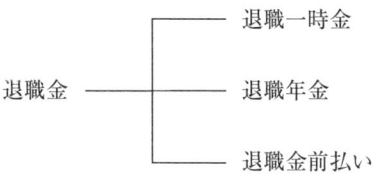

退職金の支払い方法としては、(図—4) のように、退職一時金、退職年金、退職金前払い金の3通りを考えればよいでしょう。

戦後から昭和30年代後半までは、退職金は一時金として受け取るのが一般的でした。当然企業もその当時は、外部積立ではなく、内部留保金からその都度従業員に対して退職金を一時金の形で支払っていました。

このような退職金制度は、企業年金や中退共などの外部積立による退職金

制度と区別して、「企業内退職金制度」と一般的に呼ばれています。なお、この内部留保金に対して、一定の枠内まで税制面での優遇措置が講じられたのが、退職給与引当金制度です（平成24年度にて完全廃止）。

　昭和30年代に入って、日本経済は高度成長へと突き進んでいきますが、その中で労働者の退職金の確保、退職金の年金化とそれに係る優遇税制、中小企業への退職金制度の普及促進といったことを背景に、税制適格退職年金（「適年」）・厚生年金基金等の企業年金制度や中小企業退職金共済（「中退共」）、特定企業退職金共済（「特退共」）等が昭和30年代後半から次々と設けられていきました。

　これらは、退職金原資を企業外部に積立する制度であり、これまでの企業内退職金制度に対し「企業外積立退職金制度」といわれるもので、原則として毎月の掛け金等は全額損金に算入できることになっています。このような中で、退職金原資を内部積立から外部積立てに変更していく企業が増えていきました。また、従来の退職一時金の全て、又は一部を年金払いに変更する企業も増えてきました。

　その後、退職金は一時金と年金の２つの支払い方法になっていましたが、平成に入ってから退職金を退職後に支払うのではなく、在職中に支払ってしまう「退職金前払い」が一部企業において普及し始めました。

　その結果、現時点において退職金には、３つの支払い方法が存在することになります。この支払い方法と先ほど説明した確定拠出タイプ、確定給付タイプの関係は、しっかりと押えておかなければなりません。

　よく確定拠出タイプの退職金といえば、すぐに「あぁ、401ｋですね」といわれることがありますが、これだけが確定拠出タイプの退職金ではありません。例えば、「退職金の前払い」は紛れもなく確定拠出タイプの退職金です。これは将来の退職時に支払うべきものを、在職中に前もって支払ってしまう制度です。受け取った従業員がそれを貯蓄しようが、使い果してしまおうが、また貯蓄したものを財テク等でどれだけ増やそうが、失敗して減らしてしまおうが、それは従業員の責任であって、既に支払ってしまった企業には何の責任もありません。企業会計からみれば、賞与や月例賃金と何ら変わ

りはありません。

　このように説明すると、実は前払い＝確定拠出タイプ＝日本版401ｋプランであることがおわかりいただけると思います。日本版401ｋプランというのは、この前払いした金銭を直接従業員に支払うのではなく、この積立制度の中に設けられた各従業員の口座に企業が直接払い込んで（拠出して）いるものです。従業員は、60歳になって初めてそれを一時金又は年金で受け取ることが出来ます。従業員にとっては日本版401ｋプランは一時金か年金で受け取る退職金ですが、企業にとっては「退職金の前払い」でしかありません。

　したがって、日本版401ｋプランを導入する場合、退職金規程は「退職金前払い規程」となります。その中に（Ａコース）給与または賞与での受取コース、（Ｂコース）401ｋプラン拠出コースの２つの選択肢を設け、従業員にどちらかを選択してもらうことになります。

　この他にも従業員にとっては一時金受取であるのに企業にとっては前払いと同じというケースがあります。確定拠出タイプの退職金規程に従属した中退共や特退共などです。これらの詳細は第５章にて説明します。

4．「退職一時金等」と「掛金等」の計算方法

　２．で説明したように、退職一時金や退職年金といった「退職一時金等」の額、またはその計算方法を退職金規程に定めれば、確定給付タイプの退職金制度となります。これに対し、拠出金、掛金、前払い金などの「掛金等」の算出基準だけを退職金規程に規定し、「退職一時金等」の額や計算方法を一切規定しなければ、これは確定拠出タイプの退職金制度となります。

　ただ、何れにしても何を基準に計算するのかということですから、これらの計算方法は退職金を支払う目的に沿って決定していくことになります。つ

まり人事・賃金制度を強く意識した項目になります。

ここで説明をわかりやすくする為に、本書において使用する「退職一時金等」と「掛金等」という単語の定義を再度確認しておきます。その上で、具体的にどのような「退職一時金等」や「掛金等」の計算方法があるのかご説明します。

「退職一時金等」：確定給付タイプの退職金制度において、退職時又は退職時以後に支払われる金銭（従来の給付建ての退職一時金や退職年金）
「掛金等」　　　：確定拠出タイプの退職金制度において、毎月又は毎年企業から従業員または金融機関等に支払われる金銭（掛け金、前払い金、拠出金などの総称）

⑴　主な「退職一時金等」の計算方法

「退職一時金等」の計算方法をいくらか挙げてみましょう。これらの計算方法は、退職金規程において、第○条（退職金額）とか第○条（退職金計算方法）といった条文の中で具体的に規定されています。

これらの計算方法を退職金規程の中で規定すれば、確定給付タイプの退職金制度になります。

（給与比例方式）

退職時における算定基礎額（ほとんどの場合、退職時基本給）に勤続年数別に定められた支給率（**表—4**）と退職事由別係数（**表—5**）または（**表—6**）を乗じて算出した額を「退職一時金等」の額とするものです。

定年退職の退職事由係数は1.00、会社都合退職は（**表—5**）、自己都合退職は（**表—6**）に示された係数となります。

また、定年退職と会社都合退職を1.00として自己都合退職だけ差を付けるケースもあります。したがって、退職金の額は、同じ基本給、同じ勤続年数

●第3章　退職金規程の重要項目

（表—4）給与比例方式　定年退職支給率

勤続年数	支給率	勤続年数	支給率	勤続年数	支給率
1	0.7	15	12.0	29	31.0
2	1.4	16	13.0	30	32.5
3	2.1	17	14.0	31	34.0
4	2.8	18	15.0	32	35.5
5	3.5	19	16.0	33	37.0
6	4.2	20	17.5	34	38.5
7	4.9	21	19.0	35	40.0
8	5.6	22	20.5	以下、余白。	
9	6.3	23	22.0	36年以上は、35年に同じ。	
10	7.0	24	23.5		
11	8.0	25	25.0		
12	9.0	26	26.5		
13	10.0	27	28.0		
14	11.0	28	29.5		

（表—5）会社都合退職係数

勤続年数	係数
満3年未満	0.50
満3年以上、満10年未満	0.65
満10年以上、満20年未満	0.80
満20年以上、満30年未満	0.90
満30年以上	1.00

※　これらの表に記載されている支給率は、あくまで一例にすぎません。

(表―6) 自己都合退職係数

勤続年数	係数
満3年未満	0.00
満3年以上、満10年未満	0.35
満10年以上、満20年未満	0.50
満20年以上、満30年未満	0.65
満30年以上	0.80

※ これらの表に記載されている支給率は、あくまで一例にすぎません。

であれば、自己都合退職金＜会社都合退職金≦定年退職金となります。

算定基礎額（退職時基本給）×勤続年数別支給率×退職事由係数＝
「退職一時金等」の額

　この計算方式は、退職時の基本給と勤続年数による支給率、および退職事由係数を乗じるだけで、計算方法としてはシンプルです。したがって、退職者が出たときに勤続年数と基本給がわかれば、誰でも簡単に退職金の計算をすることが出来ます。総務部門の人員が限られている中小企業にとっては最も管理し易い計算方法といえます。現時点でも中小企業では給与比例方式が最も多く採用されています。

　実は、この計算方法が第1章で述べた第1次退職金ショックの張本人でした。毎年（昭和45年～50年）の驚異的な賃上げにより、その当時賃金水準は5年で2倍になったといわれています。そのとき、退職金額も2倍以上になりました。毎年の賃上げを考えると「退職一時金等」の額は青天井のごとくなり、ここに「退職金倒産」という言葉が生まれました。

　この計算方法は、月例賃金、勤続年数及び退職事由だけで退職金額が決まりますから、基本給が年功的に決定されていれば、単なる年功退職金となってしまいます。

●第3章　退職金規程の重要項目

しかしながら、基本給が人事考課などにより職務遂行能力・実力や成果等を充分に反映されたものになっていれば、運営面も含めて大変合理的な計算方法になり得るものです。

（給与比例方式修正型）

給与比例方式は、先に述べたように賃上げ幅によっては退職金が青天井になる危険性を含んでいます。そこで、基本給に連動した「退職一時金等」の上昇に歯止めを掛けるため、算定基礎額に上限を定めたものが給与比例方式修正型です。

例えば、「算定基礎額は退職時の基本給額とする。ただし、基本給が35万円を超えている場合、算定基礎額は35万円とする。」とすることによって、基本給が35万円を超えた場合、算定基礎額は35万円でストップします。勤続年数別支給率の上昇分だけが退職金に影響を与えることになり、青天井化に歯止めをかけることが出来ます。

つまり、従来の退職金は、勤続年数が長くなればなるほど累進的に増えていましたが、算定基礎額が上限に達した以降は勤続年数別支給率の上昇分だけしか退職金は増えませんから退職金の推移は、**（図―5）** のようにS型曲

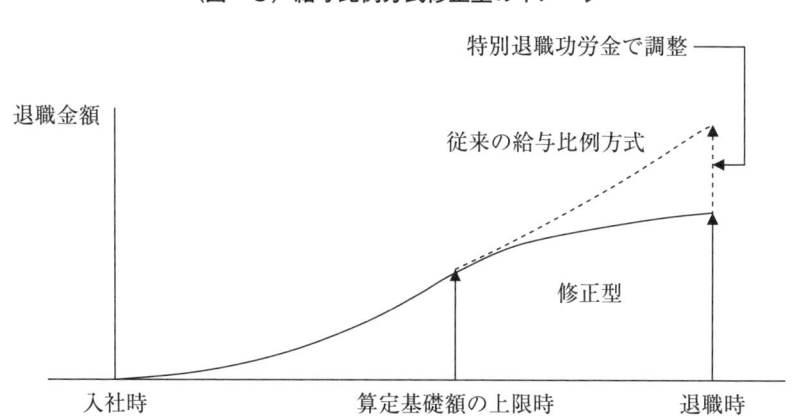

（図―5）給与比例方式修正型のイメージ

線になります。

　ただし、退職時まで会社に多大な貢献をし続け、それに見合う基本給を得ていた従業員には、この方式ではその貢献度が反映されません。このような場合は、退職金規程に特別退職功労金支給条項を作り、功労金の支給の有無や支給する際の金額で貢献度による差別化を図る必要があります。

（基本給＋役職手当比例方式）

　合理的な人事考課等に基づいた賃金査定制度があり、基本給が従業員の能力、実力、職責などに基づいて的確に賃金査定がされている場合、給与比例方式の計算基準は合理的です。

　しかしながら、人事考課の基準が曖昧で合理的な賃金査定が行われていない場合や、賃金査定制度そのものがなく年功的で基準不明な賃金査定になっているような場合、退職時の基本給だけを算定基礎額にしてしまうことは、「退職一時金等」の額を算出する上で問題があるといえます。特に退職金の目的として在職中の功績報奨を重視する場合、決して合理的な計算方法であるとはいえません。

　実際に職能等級制度などの人事システムを導入している中小企業は、それほど多くはありません。初任給は、自社や同じ業界等の数値を参考に定め、昇給にしても過去の実績や会社の業績に基づいて毎年いくらかの金額を積み増しているだけで、その累計額が基本給として成り立っているケースがほとんどです。

　このような場合、退職時の基本給に役職手当を加算した額を算定基礎額にすることも1つの方法です。基本給は年功的であったり、基準が曖昧でも、役職についている者はそれなりの評価を会社から得ているはずですし、その職責も果たしているはずです。そうでなければ会社も役職には就かせません。

　ただし、単純に役職手当を加算すれば、それは退職金額の高騰になってしまいます。したがって、役職手当を加算する場合は、以下のような計算式を用います。

●第3章　退職金規程の重要項目

退職時基本給×（70％）＋退職時役職手当×（80％）＝算定基礎額

　この式における（70％）や（80％）の数値は、各企業の実態を見て、最も合理性があると思われる数値に書き直してください。合理的であると思えば、単純に退職時基本給＋退職時役職手当＝算定基礎額でも一向に構いません。

　ただし、役職手当を「退職一時金等」の算定基礎額に加算する場合に注意を要するのは、定年退職前に企業の内規として役職定年制度を設けている場合です。この場合、過去に部長の役職についていた者でも定年時は、平社員ということもあり得ます。したがって「役職定年制により役職を免ぜられた者は、役職定年時の役職手当の額を退職時役職手当の額とみなす。」というような措置が必要になるでしょう。

（第2基本給方式）

　これも給与比例方式の修正型です。計算方法は給与比例方式と同じですが、基本給を第1基本給、第2基本給に分けた上で、退職時の第1基本給のみを算定基礎額としたものです。

　昇給の際、昇給分を第2基本給に多く割り振るようにすれば、賃上げ率がそのまま「退職一時金等」の上昇に結び付かないように出来ます。これにより、賃上げが退職金の与える影響を和らげています。

（定額方式）

　基本給には全く関係なく、勤続年数だけを基準として「退職一時金等」の額が決定される方法です。

　例えば、**(表—7)** のように勤続30年で退職した従業員は、退職時にいくらの基本給を得ていても、また退職時に部長であろうが、課長であろうが、平社員であろうが、8,766,700円になります。勤続年数ごとに一律金額です。

　したがって、この方法は、従業員の能力、会社への貢献度、勤続中の役職の重さなどは全く考慮されていません。勤続年数が長くなれば誰でも同じ額

41

(表―7) 定額方式退職金額表（定年・会社都合退職）

勤続年数	退職金額	勤続年数	退職金額	勤続年数	退職金額
3	278,300	16	2,640,000	29	8,385,800
4	368,500	17	3,025,000	30	8,766,700
5	454,300	18	3,300,000	31	9,202,500
6	566,500	19	3,685,000	32	9,584,300
7	676,500	20	4,084,430	33	9,911,100
8	784,300	21	4,574,250	34	10,237,100
9	935,000	22	5,119,000	35	10,618,900
10	1,155,000	23	5,716,800	36	10,835,900
11	1,529,000	24	6,316,600	37	11,053,800
12	1,705,000	25	6,915,300	38	11,271,700
13	1,925,000	26	7,296,000	39	11,489,600
14	2,145,000	27	7,623,100	40	11,707,500
15	2,365,000	28	8,004,000	以下余白	

※　この表に記載されている退職金額は、あくまで一例にすぎません。

の退職金が受け取れるというもので、一見公平なように見えますが実質的には悪平等と言わざるを得ない計算方法です。実は、中小企業における旧「適年」の退職金規程の多くは、この定額方式になっていました。

　なお、この場合も（**表―7**）は定年退職金および会社都合退職金とし、自己都合退職の場合は、この表の金額に給与比例方式と同じく、更に退職事由係数を乗じることになります。

　定額方式の悪平等感を修正するには、退職金規程の中に功労加算金の条項を設け、会社への貢献度が高いと思われる社員には別途、功労加算金を支給する方法があります。

（資格等級ポイント方式）

　従業員の資格等級制度の各等級につけたポイント（**表―8**）に、その等級

●第3章　退職金規程の重要項目

に滞在した年数を乗じたものを累積していきます。そして退職時の累積ポイントに前もって定められた1ポイントあたりの単価を乗じて算出されたものが定年退職時の「退職一時金等」の額になり、これに会社都合か自己都合といった退職事由係数を乗じた額がそれぞれの「退職一時金等」の額になります。

　また、累積ポイントには等級ポイントだけでなく、勤続年数ごとに加算された勤続ポイントを付加することもあります。ただし、勤続ポイントは一般的には大きな数値にせず、**(表―8)** のケースなら勤続満1年につき5ポイント程度が適正といえるでしょう（勤続ポイントについては、上限を設けるケースもあります）。この場合、累計ポイントは5ポイント×勤続年数を加算した累積ポイントとなります。

　　累積ポイント×ポイント単価（例えば、10,000円）×退職事由係数＝
　「退職一時金等」

(表―8) 資格等級ポイント表

資格等級	ポイント
9等級	48
8等級	40
7等級	32
6等級	24
5等級	20
4等級	16
3等級	14
2等級	12
1等級	10

　※　この表に記載されているポイントは、あくまで
　　一例にすぎません。

基本給には連動せず、資格等級による累積ポイントにより退職金額が決定することから、従業員の実力や会社への貢献度や役責の重さなども反映されることになり、資格等級制度を導入している大手・中堅企業を中心に普及しています。言わば、能力・実力主義型退職金制度です。

(役職ポイント方式)
　資格等級制度を持たない中小企業であっても、例えば部長や課長、係長といった役職は存在するものです。その役職にポイント(**表―9**)をつけ、それに在位年数を乗じたものを累積していけば役職ポイント制の「退職一時金等」となります。資格等級ごとのポイントが、役職ごとのポイントに変わっただけのものです。
　誰も彼も世間体を考慮して、部下もいない課長ばかりが会社の中に大勢いる、というのではこの方式は矛盾だらけとなりますが、実際そのような会社は、ほとんど存在しないのが昨今の実状です。当然、従業員の能力や人物そのものの評価、今までの仕事の成果等を考えて役職は決まっていることがほとんどです。従業員数が100人位までの企業であれば、かえって資格等級ポイントよりもこの役職ポイントの方が、企業への貢献度が反映されることもあります。いわば、職責度重視型退職金制度です。

(表―9) 役職ポイント表

役　　職	ポイント
部長・次長	50
課長	40
係長	30
主任	20
社員A (勤続満5年以上)	15
社員B (勤続5年未満)	10

　※　社員A、社員Bに該当する者が主任以上の役職についた場合、役職のポイントが優先します。

ただし、この方式を導入するにはピラミッド型の組織体系が整っていることが前提です

　　累積ポイント×ポイント単価（例えば、10,000円）×退職事由係数＝
　　退職金額

（資格等級・役職ポイント方式）
　資格等級制度を導入していても実質的に年功型の人事制度になってしまっていることがよくあります。しかし役職についてはその数に限りがあることや責任の重さから誰でも彼でも役職に付けるというわけには行きません。やはり、同じ資格等級であっても、実力・能力があり、しっかりとその職責を全うする事が出来る者がそれに見合う役職についているものです。
　このような場合、少々退職金管理が煩雑化するかもしれませんが、**（表─10）**のように資格等級と役職の両方を考慮してポイントをつけるのも一つの方法です。

(2)　主な「掛金等」の計算方法

　確定拠出タイプの退職金制度とする場合は、「「掛金等」（掛金、前払い金、拠出金など）の計算方法のみを規定します。
　「掛金等」の計算方法には以下のようなものがあります。

（基本給連動方式）
　基本給額の一定割合を、「掛金等」とします。例えばその割合を5％とすれば、基本給30万円の従業員に対しては、「掛金等」は毎月1万5千円になります。40万円の従業員は2万円になります。
　また、「掛金等」に端数が生じないようにするには、基本給を数段階にわけ、各階層により「掛金等」の額を設定する方法もあります。**（表─11）**

(表—10) 役職及び資格等級によるポイント表

役職＼等級	9等級	8等級	7等級	6等級
部長	50			—
次長	45	40		
課長	40	37	34	
係長	37	34	31	28
主任	34	31	28	25
役付無し	31	28	25	22

5等級	4等級	3等級	2等級	1等級
—	—	—	—	—
22	19			
19	16	14	12	10

(表—11) 基本給段階別月額表

基本給月額	掛金等
375,000円以上	10,000円
350,000円以上　375,000円未満	9,000円
300,000円以上　350,000円未満	8,000円
250,000円以上　300,000円未満	7,000円
200,000円以上　250,000円未満	6,000円
200,000円未満	5,000円

●第3章　退職金規程の重要項目

(勤続年数方式)

　これは、勤続年数を例えば5年ごとに区切って、その区切った段階ごとに毎月の「掛金等」の額を設定するものです。(表―12)

(表―12)　勤続年数別金額表

勤続年数	支払金額
満35年以上	16,000円
満30年以上～満35年未満	14,000円
満25年以上～満30年未満	12,000円
満20年以上～満25年未満	10,000円
満15年以上～満20年未満	8,000円
満10年以上～満15年未満	7,000円
満5年以上～満10年未満	6,000円
満2年以上～満5年未満	5,000円

(全員同額方式)

　毎月の「掛金等」の額は、新入社員も30年勤続社員も営業部長も全て同額、例えば毎月10,000円という方式です。勤続年数の長さによって初めて「掛金等」の累計に差が生じるものです。これは確定給付タイプの定額方式と同じ意味を持つことになり、これも会社への貢献度などは一切考慮されていません。

　したがって、この場合も退職金規程の中に「功労加算金」の条項を設け、会社への貢献度が高かったと思われる社員には別途、功労加算金を支給しては如何でしょうか。

(資格等級別金額確定方式)

　資格等級ごとにポイントを定めるのではなく、毎月の「掛金等」の額そのものを定めるものです(表―13)。

(表—13) 資格等級別支払金額表

等　級	掛金等の額
9等級	24,000円
8等級	20,000円
7等級	16,000円
6等級	12,000円
5等級	10,000円
4等級	8,000円
3等級	7,000円
2等級	6,000円
1等級	5,000円

(役職別金額確定方式)

資格等級制度を導入していない場合などに役職ごとに「掛金等」の額を決定するものです (**表—14**)。

(表—14) 役職別「掛金等」表

役　　職	支払い金額
部長・次長・所長	20,000円
課長	16,000円
係長	12,000円
主任	10,000円
社員A（勤続満5年超）	8,000円
社員B（勤続5年未満）	6,000円

(資格等級・役職別金額確定方式)

　資格等級制度のある企業で、より職責の重さや貢献度を反映させたい場合は、この2つの要素を基準にすれば、(**表—15**) のような「掛金等」の金額

表になります。

(表—15) 資格等級と役職別による「掛金等」の金額表

役職＼等級	9等級	8等級	7等級	6等級
部長	26,000			—
次長	24,000	22,000		
課長	22,000	20,000	18,000	
係長	20,000	18,000	16,000	14,000
主任	18,000	16,000	14,000	12,000
役付無し	16,000	14,000	12,000	10,000

5等級	4等級	3等級	2等級	1等級
—	—	—	—	—
10,000	9,000			
9,000	8,000	7,000	6,000	5,000

5．支給水準

　「退職一時金等」または「掛金等」の支給水準をどの程度に設定するかも重要な検討事項になります。一般的には様々な機関が発表している業種別、企業規模別、または地域別等の標準退職金額一覧等のデータが存在しますが、どのデータを採ってみても比較的高額な金額が示されているケースが多いようです。

これらのデータは、あくまでアンケート調査によるところが多く、その場合自社の退職金水準に自信のある企業のデータが多く集まってきているという可能性もあります。したがって参考資料として活用することは結構ですが、これらのデータを鵜呑みにしたり、数値にとらわれたりしない方がいいのではないでしょうか。また、これらのデータのほとんどは、確定給付タイプの退職金制度における「退職一時金等」の金額です。
　支給水準を検討する上で重要な点については、第5章「退職金制度設計の前提」を読まれ、ここでの説明を踏まえて「退職一時金等」「掛金等」の水準を検討してください。

6．最初に退職金規程ありき

　このように退職金制度を構築していくとき、目的、確定拠出タイプか確定給付タイプかの選択、支払方法、「退職一時金等」又は「掛金等」の計算方法、支給水準など特に5つの項目について人事面と財務面に留意しながらしっかりと検討をしていくことが重要です。そしてこれらを検討していく中で、自社の退職金規程に最も適合した退職金の準備をどの積立制度（手段）ですればよいのかを検討していけばよいのです。
　にもかかわらず、どうしても日本版401k、確定給付企業年金、養老保険、中退共などの積立制度に意識がいってしまいがちです。しかしながら、これらはあくまで退職金積立を目的とした金融商品でしかありません。退職金規程の内容を検討せず、積立制度を先に決めてしまうようなことは絶対に行なってはいけません。
　勿論、積立制度は、退職金制度設計には必要不可欠のものであり、退職金制度を成り立たせる車の両輪の一つであり、重要なものです。ただ、何回も繰り返しますが、積立制度はあくまで「手段」です。退職金規程の内容が

●第3章　退職金規程の重要項目

「目的」です。「目的」と「手段」を見誤ってはいけません。
　過去の退職金制度での大きな間違いは、積立制度を決めてから退職金規程を作成するということが当たり前のように行われていたことです。その結果、確定給付タイプの退職金規程に掛金建て（確定拠出タイプ）の積立制度を採用するといったアンバランスなケースが生まれました。詳しくは「第5章退職金制度設計の前提　6．固定概念の打破」で解説します。
　兎に角、最初に退職金規程ありきです！

第4章

退職金積立制度

この章では、様々な退職金積立制度の中で、特に中小企業で採用されている、また現実的に中小企業が採用できる制度（手段）について説明します。

1．代表的な退職金積立制度（手段）

　中小企業向けの企業年金は、今まで「主役」であった旧「適年」（税制適格退職年金といい、「適年」と略して呼んでいました）が平成24年3月を以って廃止されました。そして廃止前の平成14年4月から新たに確定給付企業年金法による企業年金として確定給付企業年金規約型と基金型が登場しています。
　しかしながら、現実的に中小企業では基金型企業年金の導入は難しいため、確定給付企業年金法に基づき導入できるのは、規約型企業年金の給付建て年金（通称、本格DBと呼ばれている）やキャッシュ・バランス・プランを基本に設計された掛金建て年金（簡易型CB、新型DBなどと呼ばれている）です。
　また、厚生年金基金総合型は、平成24年2月の明るみになったAIJ事件をきっかけに各基金の財政状況の悪化がそれまで以上に注目されるところと

なり、その結果、基金制度の見直しについて「公的年金制度の見直しと健全性及び信頼性の確保の為の厚生年金法等の一部改正」が平成26年4月より施行され、これにより財政状況が健全である極一部の基金を除き、ほとんどの基金が解散しています。

　このような中で現在、中小企業が退職金の積立手段として採用できる（または採用している）のは、実質的に以下の通りです。

1．中小企業退職金共済制度
2．特定退職金共済制度
3．厚生年金基金総合型（大半の基金が解散へ、若しくは他制度に移管）
4．確定給付企業年金規約型（簡易型CB・本格的DB）
5．確定拠出年金企業型（日本版401kプラン）
6．企業内退職金制度
　　・保険商品（主に養老保険）
　　・預貯金
7．前払い・制度廃止

2．中小企業退職金共済制度（通称、中退共）

(1) 中退共の概要

　中小企業（**表—16**）及び個人事業主が従業員を被共済者として、勤労者退職金共済機構中小企業退職金共済事業本部（機構・中退共本部）との退職金共済契約を締結するものです。特徴としては、
① 掛け金が全額損金算入できる。
② 国からの掛け金助成がある。（注1）
③ 従業員が中途退職して他企業に転職した場合、転職先企業が中退共制度

●第4章　退職金積立制度

　　に加入していれば、これまでの自分の受け取り分を転職先企業の中退共制度に移行できる。
④　掛け金月額と納付月数に応じて、その時点の予定運用利回りをもとに固定的に定められている「基本退職金額」と、実際の運用が予定運用利回りを越えた場合、その超えた部分の一部を上乗せする「付加退職金（注2）」とがある。
⑤　新規加入時点に過去10年を限度として、過去勤務掛け金を別途積み立てることが出来る。
⑥　掛け金の増減は可能であるが、減額する場合は従業員の同意が必要。
⑦　退職金は通常従業員が退職してから2ヶ月以内に従業員の口座に振り込まれ、企業に支払われることは絶対にない。
⑧　掛け金は毎月一定の額として、5,000円から10,000円までの1,000円刻み、12,000円〜30,000円までの2,000円刻みで自由設定。（短時間労働者は、2,000円から）

　以上が主な特徴です

（表—16）中退共と共済契約のできる中小企業

業　種	常用従業員数		資本金・出資金
小売業・飲食業	50人以下	又は	5,000万円以下
サービス業	100人以下		5,000万円以下
卸売業	100人以下		1億円以下
一般業種（製造業、建設業等）	300人以下		3億円以下

（注1）中退共制度にはじめて加入した企業に対し、掛け金月額の1/2（上限5,000円）を申込み後4ヶ月目から1年間、国が助成します。
　　　また、掛け金月額が18,000円以下で、掛け金月額を増額した場合、増額部分の1/3に当たる部分を1年間国が助成します。
（注2）生命保険などでいう配当金と考えればよいものです。

(2) 中退共の図解

　（図―6）のように中退共は、企業から支払われた掛金月額とその納付月数、および予定運用利回りにより、従業員毎に退職金積立額が決定されています。これが「基本退職金額」です。その年の運用成績が良く、予定運用利回り以上の実績が残ったようなとき、この基本退職金に＋アルファがつきます。これが「付加退職金」です。

　この基本退職金と付加退職金の累計が退職時に受け取れる金額になります（**図―7**）。付加退職金は、中退共の運用結果次第ですから、いくら付加されるかはわかりません。基本退職金は、予定運用利回りにしたがって決定されますが、これも契約した後に中小企業退職金共済法の改正が行われ予定運用利回りが変更されれば、その時点から変更された予定運用利回りが適用されることになります。したがって、予定運用利回りが引き上げられれば、基本

（図―6）中小企業退職金共済の仕組み

●第4章　退職金積立制度

(図―7) 中小企業退職金共済

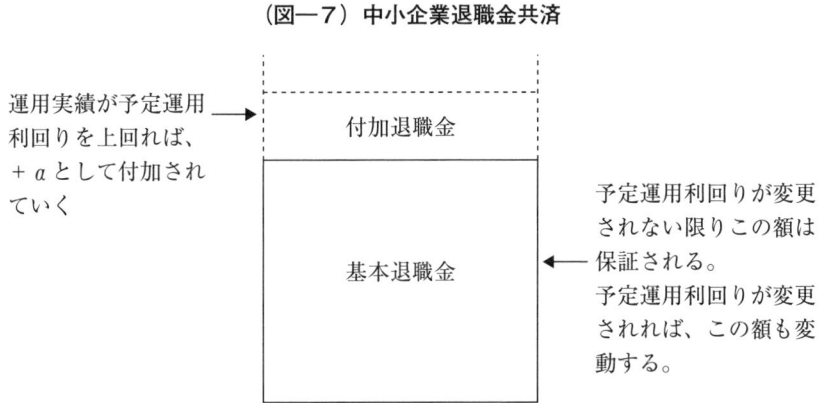

退職金額は契約時に認識していた額以上に増えますし、引き下げられれば、減ってしまいます。

このように中退共は、掛金月額の増減や、納付月数、予定運用利回りの変更、付加退職金の有無により従業員の退職時にいくらの金額が支払われるかは確定しない掛金建ての積立制度です。

なお、従業員ごとに管理された積立金は、従業員が退職する時、中退共から直接従業員に支払われ、企業に支払われることは絶対にありません。

(3) **予定運用利回り変動の影響**

平成3年まで中退共の予定運用利回りは6％以上に設定されていたこともありましたが、運用環境の悪化の影響を受けて、平成3年から5.5％に、平成8年から4.5％に、平成11年4月から3.0％に、平成14年11月からは1.0％になっています。このような度重なる予定運用利回りの引き下げは、積立額に大きな影響を与えており、ここにもバブル経済崩壊後の退職金原資確保の困難さが見て取れます。

ここで、この予定運用利回りの引き下げの影響が、今後の退職金積立にどれほどの影響を与えているかみてみます。**(表―17)** により「基本退職金」の額が、今までの各予定運用利回りによってどのように変動しているか比べ

(表—17) 各期間の予定運用利回りで40年間掛金を納付した場合の基本退職金額一覧

期　　　間	予定運用利回り	毎月の掛金額	掛金納付月数	基本退職金額
H3年4月～H8年3月	5.5%	10,000円	480月	17,360,000円
H8年4月～H11年3月	4.5%	10,000円	480月	13,175,000円
H11年4月～H14年10月	3.0%	10,000円	480月	9,192,000円
H14年11月～現在	1.0%	10,000円	480月	5,917,900円

れば、その影響の大きさを理解していただけます。

　ご覧のように、予定運用利回りが5.5％から1.0％に下がれば、基本退職金額は約1/3になってしまいます。

　ただし、予定運用利回りの変動は、その都度全ての既契約にも及びますし、40年間同じ予定運用利回りで推移する可能性はまず無いと思われます。従ってここでの数値はあくまで参考値としてみてください。

　要するに5.5％の予定運用利回りのときに加入した契約でも、途中で4.5％に下がれば、その時点からは下がった予定運用利回りが適用されるということです。勿論、逆に今後予定運用利回りが引き上げられれば、その時点から高い引き上げられた利回りが適用されることになります。

　(図—8) は、予定運用利回り変更による基本退職金の推移をイメージしたものです。今のような低い予定運用利回りがこのまま永く続けば、5.5％や4.5％の予定運用利回りの時代に共済契約を締結していても、実際の退職時の積立金は当初想定していた額とは相当かけ離れた金額になってしまうという状況がわかります。

　では、その差額は誰が負担するのでしょうか？企業ですか？従業員ですか？この答えは、将に退職金規程にあります。確定拠出タイプの退職金規程なら企業には何の負担も発生しません。確定給付タイプの退職金規程なら全て企業の負担となります。

(図—8) 予定運用利回り変更と基本退職金の推移

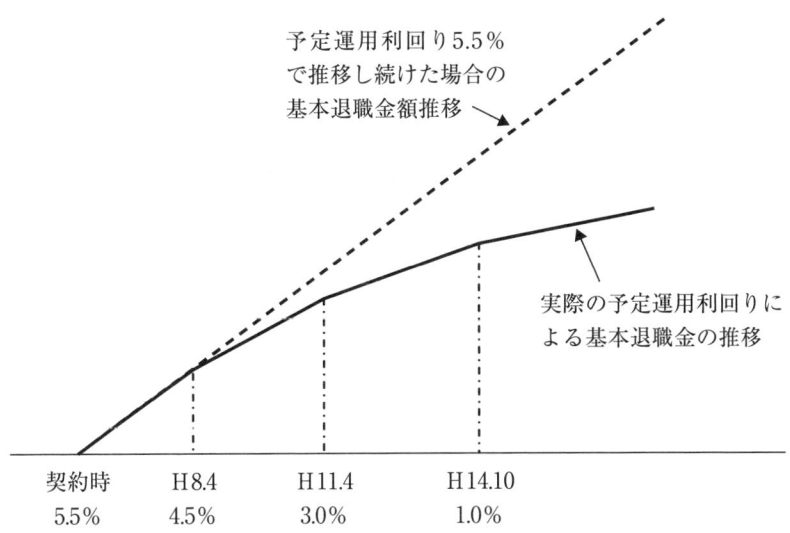

(4) 確定拠出タイプ（掛金建て）の退職金規程

このような予定運用利回りの変更による基本退職金額の変動は、企業や従業員に大きな影響を与えます。ただし、どちらが影響を受けるかは、退職金規程の内容次第です。中退共のパフレット（詳細版）には２つの「退職金規程」の例が記載されています。

まず１つ目は、**(参考資料—１)** の「退職金規程（例）中退共制度だけで実施する場合」の規程例です。ここでは第３条において、中退共への掛金月額（具体的に別表が添えられている）が定められ、第４条において退職金に関することが定められています。

第３条で「掛金等」、つまり毎月の掛金額の計算方法が定められていますが、ここでは基本給の額に連動して決める方法と役職に応じて決める方法が例となっています。先に説明した「基本給連動方式」と「役職別金額確定方式」です。

これを「勤続年数方式」、「資格等級別確定方式」「資格等級・役職別金額

(**参考資料—1**) 中退共のパンフレットに記載されている確定拠出タイプの退職金規程例

退職金規程（例）　中退共制度だけで実施する場合
第1条　従業員が退職したときは、この規程により退職金を支給する。 　　2　前項の退職金の支給は、会社が各従業員について独立行政法人勤労者退職金共済機構・中小企業退職金共済事業本部（以下「機構・中退共」という。）との間に退職金共済契約を締結することによって行うものとする。 第2条　・・・・省略・・・・ 第3条　退職金共済契約の掛金月額は、別表の通りとし、毎年〇月に調整する。（別表記載） 第4条　退職金の額は、掛金月額と掛金納付月数に応じ中小企業退職金共済法に定められた額とする。 第5条以下は、省略。 別表（例）／賃金を基準 | 賃　　金 | 掛金月額 | |---|---| | 〜16万円未満 | 8,000円 | | 16〜20万円未満 | 10,000円 | | 20〜24万円未満 | 12,000円 | | 24〜28万円未満 | 14,000円 | | 28〜32万円未満 | 16,000円 | | 32〜36万円未満 | 18,000円 | | 36〜40万円未満 | 20,000円 | | 40万円以上 | 22,000円 | 別表（例）／役職を基準 | 役　　職 | 掛金月額 | |---|---| | 一般社員 | 5,000円 | | 主任 | 8,000円 | | 係長 | 12,000円 | | 課長補佐 | 18,000円 | | 課長 | 24,000円 | | 部長 | 30,000円 |

※　よくわかる中小企業退職金制度　詳細版（あらまし）より抜粋

●第4章　退職金積立制度

確定方式」にも出来ますし、「退職金共済掛け金は、全員一律月額10,000円とする」と規定すれば、「全員同額方式」になります。

　これに対して、第4条は退職金に関する規定となっていますが、具体的な「退職一時金等」の額や計算基準が示されているわけではありません。そこで、この条文を他の言葉でわかり易く言い換えると次のようになります。

「退職金の額は、掛金月額と掛金納付月数（納付回数）と、中小企業退職金共済法に定められた予定運用利回り、および中小企業退職金共済の運用成績次第で決まりますから、退職時に受け取る金額は確定しているわけではありません。」

　要するに、毎月の掛け金を従業員が勤務している期間、確実に納めていれば、あとは法律で定められた運用利回りと中退共の運用次第で退職金額が決まり、それがいくらになるかは分かりません、ということです。これこそ確定拠出タイプ、掛金建ての退職金規程そのものです。
　中退共のような共済制度は、本来は掛金建て、つまり確定拠出タイプの退職金制度として発足したものに他なりません。
　例えば、中退共との退職金共済契約を締結し、毎月従業員全て一律5,000円の掛け金をかけているとします。退職金規程は特に作成していない企業（例えば、常時雇用している従業員の数が10人未満の事業所の場合、就業規則つまり、退職金規程の作成及び届出の義務は無い）であれば、この企業の退職金制度は確定拠出タイプであるということになります。何故なら「退職金」の計算方法が定められていませんし、掛金等は慣習的に従業員一律5,000円という明確な根拠があるからです。（ただし、いくら10人未満であっても、就業規則や退職金規程は作成しておいたほうがよいのは当然です。）

(5)　確定給付タイプ（給付建て）の退職金規程

　（参考資料―2） は、第2条で給与比例方式の「退職一時金等」の計算方法を定め、第6条で中退共への掛金月額の計算方法を定めています。この場

合、「確定給付タイプの退職金制度」になります。「退職一時金等」の計算方法を定めれば、いくら「掛金等」の計算方法を定めていても確定拠出タイプにはなりません。

　そして、第8条で「機構・中退共から支給される退職金の額が第2条の規定によって算出された額より少ないときは、その差額を会社が直接支給し、機構・中退共から支給される額が多いときは、その額を退職金の額とする。」と定められています。これは、中退共だけで足りないときは企業が不足分を従業員に別途補填しなければならないこと、反対に多過ぎるときは、全て従業員のものとなってしまうことが規定されているのです。

　このように確定給付タイプを選択した場合、予定運用利回りの引き下げなどの影響で、積立金が当初の想定よりも少なかった場合、企業は別の負担を強いられます。その反面、予定運用利回りの引き上げで積立金が当初の想定よりも多かったり、運用実績が予定利回りを上回り付加退職金が＋αされ、退職金額が退職金規程に定める額以上になった場合でも、それは全て従業員に支払われます。

　これは、退職金規程が確定給付タイプであるにもかかわらず、中退共は掛金建て、つまり確定拠出タイプの積立制度であるという矛盾から来るものです。このことを充分承知したうえで、このような退職金規程を設けるのであれば、覚悟の上ですから構いませんが、果たしてそうでしょうか？何の正当な理由もなく、自分勝手に職場を放棄し辞めていった従業員にも中退共から退職金は支払われます。仮に一部減額できたとしてもその分は会社に戻されることは絶対にありません。全て没収されてしまいます。

　掛け金を中退共に支払ったということは、その時点で本人に支払ったとほとんど同じことなのです。

　この点をしっかりと留意して中退共の活用を考えるべきです。したがって、確定給付タイプの退職金規程には中退共は適しているとはいえません。既に中退共に加入している場合は、中退共の掛け金は極力少額に抑えて（5,000円まで減額できます）、もう一つの積立金手段として養老保険など企業に裁量権のある手段の活用を考えるべきでしょう。

(参考資料―2) 中退共のパンフレットに記載されている確定給付タイプの退職金規程例

退職金規程（例）　退職金金額を定めて実施する場合
第1条　従業員が1年以上勤務して退職したときは、この規程により退職金を支給する。
第2条　退職金は、従業員の退職時の基本給月額に、別表第1に定める勤続年数に応じた支給率を乗じて得た額とする。
第3条　・・・省略・・・
第4条　この規程による退職金の支給を確実にするために、会社は、従業員を被共済者として独立行政法人勤労者退職金共済機構・中小企業退職金共済事業本部（以下「機構・中退共」という。）と退職金共済契約を締結する。
第5条　・・・省略・・・
第6条　退職金共済契約の掛金月額は、別表第2の通りとし、毎年〇月に調整する。
第7条　・・・省略・・・
第8条　機構・中退共から支給される退職金の額が第2条の規定によって算出された額より少ないときは、その差額を会社が直接支給し、機構・中退共から支給される額が多いときは、その額を退職金の額とする。
第9条以下は、省略

別表第1　（例）／退職金支給率

勤続年数	支給率	勤続年数	支給率
1年	0.3	21年	16.5
2年	0.7	22年	17.5
3年	1.5	23年	18.5
20年	15.5	40年	36.0

別表第2　（例）／勤続年数を基準

勤続年数	掛金月額
～2年未満	5,000円
2～5年未満	8,000円
5～10年未満	12,000円
10～15年未満	18,000円
15～20年未満	24,000円
20年以上	30,000円

※　よくわかる中小企業退職金制度　詳細版（あらまし）より抜粋

(6) 中退共＝退職金前払い、と認識すべし

　中退共について、次のようなことをよく耳にすることがあります。「中退共で退職金を積立てると、何か不祥事を起こし、懲戒免職になった従業員にも支払われてしまいますから、損ですよ。仮に支払を止められたところで、会社には一切戻ってきません。中退共が全て没収してしまいます。」今でも退職金セミナー等で盛んに言われているようです。

　しかし、ここでよく考えていただきたい。確かに前述のような確定給付タイプの退職金規程であれば、この指摘のとおりです。

　退職金規程には、懲戒解雇や競業避止義務違反などによる退職金全額不支給条項、または減額条項が定められているのが一般的です。しかしながら中退共の積立金は、これらの事由に該当しても従業員に支払われてしまいます。

　また、中退共に減額申請や全額不支給申請し、それが認められても企業に戻されることは絶対にありません。ただ没収されるだけです。これは企業からみれば不合理極まりないことに思えるはずです。したがって、「懲戒解雇でも支払われて損ですよ。」というのはこのような確定給付タイプの退職金制度にあてはまることです。

　これに対して、確定拠出タイプの退職金規程を定めている場合はどうでしょうか。第3章で確定拠出＝前払いであると説明しましたが、この場合、毎月支払う中退共への掛金は、従業員への前払退職金と考えればいいのです。つまり企業は、毎月支払うべき前払退職金を直接従業員には支払わないで、中退共にある従業員の仮口座に支払って、その積立金の管理や運用を中退共にして貰っているということです。そして、従業員が退職すれば、中退共から従業員の指定口座に直接退職金は振り込まれます。会社を経由することは絶対にありません。

　確定拠出タイプの退職金規程であれば、中退共に掛け金を納付する都度、退職給付債務は清算されますから、支払われた掛金（積立金）に企業の権利が及ばないのは当たり前のことです。したがって、懲戒解雇事由が発生したとしても、既に中退共へ支払った掛金が企業に戻ってくることは絶対にあり

●第4章　退職金積立制度

得ません。
　中退共に限らず、日本版401kでも、現金の前払いでも、確定拠出タイプの退職金制度はすべて、一旦支払ったものを後で返せとは言えない制度です。（日本版401kの場合は、入社後3年未満での退職の例外はありますが）。

3．特定退職金共済制度（通称、特退共）

　特定退職金共済制度（以下、特退共という）は、企業が所得税法施行令第73条に定める特定退職金共済団体（商工会議所、商工会、商工会連合会等）と退職金共済契約を締結し、企業に代わってこの団体が従業員に対し、直接退職金を支払う制度です。
　また、中退共が「中小企業退職金共済法」に基づいて設立されているのに対し、特退共は商工会議所等が国の承認のもとに特定退職金共済団体を設立して行われます。掛金の管理・運用、および運営等はここから生命保険会社等に委託されています。
　制度内容としては、共済制度という性質上中退共と同じく掛金建ての積立制度です。税法上も中退共に準じて多くの特典が与えられており、掛金は全て損金算入出来ます。
　ただ、最大の違いは、中退共が中小企業しか加入できないのに対し、特退共はこれを取り扱っている商工会議所等の所在地にある企業であれば、企業規模にかかわらず加入できることです。なお、中退共との重複加入も認められています。

（制度内容）
　　掛金月額・・・1口1,000円として30口まで
　　　　　　　　ただし、1,000円の中には20円の運営事務費が含まれるた

め実質的には980円の積立金です。

掛金負担・・・全額事業主負担、ただし、事業主への返還は一切ありません。

給付内容・・・退職一時金（基本退職一時金＋加算給付）、遺族一時金

年金支払・・・加入期間が10年以上で退職し、年金受給を希望した場合、基本退職一時金＋加算給付を原資として10年間、年4回（3・6・9・12月）支払われます。

給付内容において、退職一時金は基本退職一時金と加算給付の合計額ですが、基本退職金は、掛金1口（1,000円）につき20円が運営費として差し引かれることもあり、掛金累計額を上回るのは，ほぼ12年後になります（平成27年6月現在）。また、加算給付は毎年の運用実績に応じて毎年7月1日に加算されますが、必ずしも加算されるものではありません。遺族一時金は、死亡時の退職一時金に掛金1口につき10,000円を加算した額となります（毎月10口10,000円の掛金なら、100,000円が加算されます）。

特退共によって退職金積立をする場合も、退職金規程の内容次第で確定給付タイプ、確定拠出タイプのどちらにでもなります。これは、中退共と全く同じです。したがって、既に特退共を採用している企業は、今一度退職金規程をよくご覧になり、今後の退職金制度としてこのままの内容でよいのかどうか、再検討することをお勧めします。

4．厚生年金基金

昭和41年に創設された制度で、企業が基金（特別法人）を設立して厚生年金の報酬比例部分の一部を代行部分として受け持つとともに、その上に加算部分（代行部分の30％以上）として上乗せ給付を行っていたものです。加算

●第4章　退職金積立制度

(図―9) 厚生年金基金の仕組み

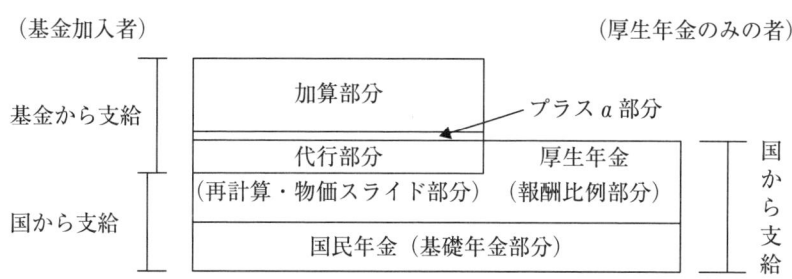

部分が厚生年金基金独自の給付ということになっていました。
　基金の設立形態は、単独型、連合型、総合型の3種類の形態があり、単独型は一企業で基金を設立するもので500人以上の加入員が必要、連合型はグループ企業によるもので800人の加入員、総合型は同業や同一企業が集まって共同して設立するもので3,000人以上の加入員が必要となっていました。大企業は単独型または連合型、中小企業は総合型基金に加入しているケースがほとんどでした。
　厚生年金基金の加入者には基金独自で運用した結果の代行部分の額と、加算部分（将来の代行給付部分の30％以上）の合計額が基金より給付されていましたが、大手企業の加入する単独型の場合、加算部分は厚生年金基金設立時に退職一時金の一部を年金化したものがほとんどで、この場合、厚生年金基金は退職金積立制度の一部でした。
　それに対して総合型に加入してた中小企業の加算部分は、主に中小企業の多くが加入する同業種組合を主体として設立されており、「業界内の付き合い」が加入のきっかけであったケースが多かったようです。そのためか総合型基金は、退職金積立というよりも福利厚生の一環と捉えられていたことが多く、この場合、退職金積立とは別枠になっていました。なお、加算部分については、各基金の規約により年金としての給付だけでなく一時金としての給付も可能になっていました。
　バブル崩壊後の運用難は、ほとんどの厚生年金基金に莫大な積立不足を発

生させ、その状況は深刻でした。もともと公的年金である厚生年金保険は財政方式を賦課方式としているのに対し、厚生年金基金は積立方式となっています。従って積立金の運用の悪化や、平均余命の伸長は積立不足の大きな要因となってしまいます。この為、大手企業の、単独型基金や連合型基金は、あらゆる手段を講じて不足部分を穴埋めし、更に代行部分を返上して新たに確定給付企業年金法に基づく基金型や規約型年金に衣替えをはかりました。

これに対し中小企業が加入する総合型基金は、意志統一の難しさなどから個別企業の脱退等はありましたが、基金としての対応が取り難い状況にありました。しかしながら、2012年2月に明るみになったAIJ事件をきっかけに基金の財政状況の悪化は社会的にも注目されることとなり、その結果、基金の存続・廃止に関する議論が進み、基金制度見直しに向けての「公的年金制度の見直しと健全性および信頼性の確保の為の厚生年金法等の一部改正」が衆参両院で可決、成立し平成26年4月に施行されました。

この法改正により大半の基金が解散手続きに入りましたが、財政状況の比較的健全な極一部の基金は、このまま存続したり、または確定給付企業年金、確定拠出年金企業型、中退共などに加算部分を移管することが可能になっています。

ただ、何れにしても厚生年金基金は、中小企業の退職金積立の一手段からほぼ消滅したということです。

5．確定給付企業年金（DB：Defined Benefit Plan）

確定給付企業年金法の施行（平成14年4月1日）により、基金型、規約型の新しい確定給付企業年金（一般的にDBといわれています。以下、DBといいます）が設けられました。DBの最大の特徴は、旧「適年」や厚生年金基金などとは違って、退職年金等の受給権を保護する為、年金財政検証が強

化されると同時に、積立義務が明確化されたことにあります。

例えば、旧「適年」の積立不足は深刻な状態でしたが、当面の退職金支払に支障がない限り即座に積立不足を解消する義務はありませんでした。

極端なことを言いますと、仮に積立金が底を尽くような状況になっていても、そのままにしておくことが出来るのが旧「適年」などの企業年金でした。

勿論そのようなことになれば途端に退職金の支払いは滞る恐れがあり、そうなれば労使トラブル、そして退職金未払いという債務不履行による民事訴訟へと発展することも考えられました。そうなれば労使関係は悪化し、企業の活力も信用も一気に低下して企業活動に支障を来たす事になっていたことでしょう。

このような最悪のケースを防ぐ為に、企業年金受給権の保護を第一の目的とし、また確定給付型の企業年金を統一的に管理するために施行されたのが、平成14年4月に施行された確定給付企業年金法です。

(1) **基金型企業年金（基金型 DB）**

基金型 DB とは、企業と別の法人格を持った基金を設立した上で、その基金において年金資金を管理・運用し、年金給付を行うもので、厚生年金基金のような厚生年金保険の一部代行は行いません。

基金型 DB を開始するには、労使の合意に基づき、制度の内容を規定した年金規約を作成し、厚生労働大臣に基金設立の許可を受けなければなりません。一時期、従来の厚生年金基金において、その多くが代行部分を返上しましたが、これらの基金のほとんどは、代行部分を返上した上で基金型 DB となっています。厚生年金基金の「代行返上型」といえるものです。

つまり、基金型 DB は大企業向けの企業年金であり、中小企業には不向きなものです。

(2) **規約型企業年金（規約型 DB）**

規約型 DB とは、労使双方が合意した制度の内容を規定した年金規約を作成し、厚生労働大臣の承認を受け、その年金規約にしたがって運営される企

業年金です。企業は、掛金の払込み、および積立金の管理などに関する契約を金融機関（主に生命保険会社・信託銀行）と結びます。こうして企業は、企業外部で年金資金を管理・運用し、従業員の将来の年金給付（退職金支払い）に備えることが出来ます。

しかしながら、確定給付企業年金法施行当初は、規約型年金もどちらかというと大企業、中堅企業向けに用意されたもので中小企業にはあまり浸透していきませんでした。

その後、平成17年頃からキャッシュ・バランスプラン（以下、CBプランといいます。概要は※注を参照）をベースとした中小企業（おおよそ従業員100人～300人程度の企業を対象にしている場合が多い）向けの規約型年金が、新型DBとか簡易型CBといった呼称で各金融機関から発売されるようになりました。これは、CBプラン同様掛金（保険料）建てで加入手続き、制度運営の事務手続き等を簡略化したものとなっています。

なお、旧「適年」は、退職年金規程と企業年金（積立制度）を一元的に金融機関（生保会社または信託銀行）が管理・運営していました。このため、ほとんどの中小企業は、毎月の掛け金を支払うだけで制度運営の多くを金融機関任せに出来ていました。しかしながら、確定給付企業年金は単に年金原資（退職金原資）を徴収し、運用するだけの積立制度でしかありません。したがって、退職金制度の管理・運営は、企業独自で退職金規程を作成し、これに基づいて行っていく必要があります。

つまり、企業年金は金融機関が管理、退職金規程は企業が管理といった2元管理になったということです。

① 規約型　給付建てDB（本格DB）

本格的な確定給付年金というべきものです。労使双方が合意した年金規約に基づいて運営されます。そして、その規約で定められた将来の退職年金（一時金）給付を確実なものとし、給付義務を果たすために企業は毎月保険料を積み立てていきます。予定利率や実際の運用実績により、企業の実質的な負担は増減します。給付額が確定し、その金額を確保するために積立てて

●第4章　退職金積立制度

いきますから、この企業年金を給付建てDBと表現します。

　では、この企業年金で何が改良されたのかといえば、前述したように年金財政検証が強化され、積立義務が明確化されたことです。旧「適年」の場合、莫大な積立不足が生じ、またその結果、積立金が底をつき0となってしまっても企業年金契約上は特に問題はありませんでした。現にその状態になった企業も少なくありません（勿論、従業員に対して退職金を支払う義務まで無くなるわけではありませんから、仮に退職金が支払えなくなれば、退職金未払いということで従業員に対しての民事上の問題は生じます）。

　しかしながら、確定給付企業年金法では積立義務が明確に課されているため、積立不足が生じた場合、そのままにしておくことはできません。

　また、現実的な運用環境に基づいた予定利率を設定しなければなりませんから、現在のような運用環境の中では予定利率は低く設定しなければならず、その結果、毎月の保険料負担は増大します。

　更に先に触れましたが、これはあくまで年金原資（退職金原資）を積立てるだけのものです。旧「適年」のように金融機関に任せきりには出来ません。

② 　掛金（保険料）建てDB（簡易型CB）

　一般的に新型DBとかパッケージ型DB、簡易型CBといった名称で販売されている規約型企業年金です。金融機関によって名称の相違や内容に多少の差はあるようですが、中小企業が導入しやすくするためにCBプランをベースにしながら簡潔な制度設計がされています。本書では、この名称を簡易型CBに統一します。

　これは、従業員個人ごとに仮想勘定口座を設定し、予め定められた持分付与額（毎月の掛金額）と客観的な指標に基づく再評価率（規約で定める期間ごとの予定利率）による利息付与額（再評価率により付加される利息）の累計額を仮想個人勘定残高とし、退職時にその残高に退職事由係数を乗じて得られた額を年金給付原資とするものです。

　持分付与額は、ほとんどの金融機関が3,000円から1,000円単位で設定できるようになっています。また、再評価率は、毎年3月に厚生労働省が発表す

る下限予定利率以上の率で設定しなければなりません。この下限予定利率ですが、国債利回り、その他客観的な指標であり合理的に予測可能な数値などに基づいて決定されます。したがって、市場での運用実態と大きく異なることの少ない企業年金といえます。

(図—10)のように金融機関に支払った持分付与額に、再評価率に基づく利息付与額が加算され、この合計額が翌年度の前年度末残高となります。そして前年度残高とその年度の持分付与額との合計額に再評価率に基づく利息付与額が積み増しされていきます。ただし、再評価率に満たない運用結果に終わった場合、財政再計算時に特別掛け金が生じることや、各事業年度決算における財政検証の結果、再計算を待たずに掛金の追加が必要となる可能性はあります。

しかしながら、先に述べたように再評価率そのものが市場連動的に決定されていますから、持分付与額以外に別途大きな負担が生じるリスクの低い企業年金です。

なお、簡易型CBも旧「適年」のように退職年金規程と一元管理はされていません。単に従業員の退職金原資を積立するだけの掛金建て積立制度です。このような性質上「中退共の民間版」とも呼ばれています。

ただし、中退共と決定的に異なるのは、中退共は共済制度全体で積立金の管理をするため、懲戒解雇による給付制限が行われた場合でも、減額された金額は企業には一切返還されず中退共全体の積立金として実質的に没収されてしまうのに対し、この企業年金は、その企業の積立金に残されます。また、給付時において定年退職、定年前自己都合退職、及び懲戒解雇に対する給付制限など退職事由により給付額の調整も可能です。

主に従業員数100人から300人未満の企業が対象のようですが、資本金や従業員数など規模の面で中退共に加入できない企業、また中退共には何らかの理由で加入したくないと考えられている企業には適した企業年金です。

●第4章　退職金積立制度

（図—10）掛金（保険料）建てDB（簡易型CB）の仕組み

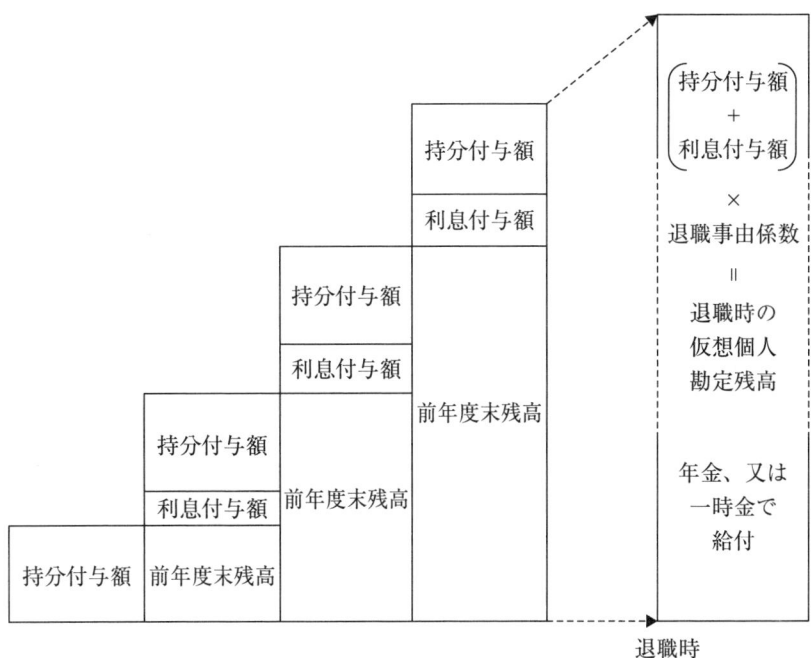

仮想個人勘定残高＝前年度末残高＋当年度持分付与額＋当年度利息付与額
　　　　　　　　（退職時においては、これに退職事由係数を乗じた額）
当年度利息付与額＝前年度末残高×再評価率

（※注）　キャッシュ・バランス・プラン（CBプラン）
　CBプランは、確定給付制度の長所である一定の給付保証性を維持しながら確定拠出制度の特徴である個人別残高を持つ仕組みになっています。「混合型」または「ハイブリッド型」年金といわれ、平成14年4月の確定給付企業年金法の施行に伴い、厚生年金基金、確定給付企業年金にも導入が認められた掛金建ての企業年金です。
　確定給付型としての特徴は、給付額はある一定の範囲について企業が従業員に約束したものです。また、年金資産の運用先は企業が指定します。確定

拠出型としての特徴は、個人別仮想勘定を設定することにより、従業員が、今、会社を辞めたらいくら貰えるのか一時金の形で示され、個人別の受取額が明瞭であるということです。

年金や一時金の額は、まず個人別の仮想勘定を設定し、そこに従業員の勤続年数や能力・成果等による給与ポイントと、毎年企業が約束した利息ポイントの合計によって決まります。そして退職時の仮想勘定残高に退職事由係数を乗じたものが退職年金原資となります。

また、企業が約束する利息ポイントの部分は、国債の利回りなどの市場金利と連動する市場金利連動型にすれば、将来の給付水準は市場金利に連動する為、退職給付債務の変動が抑制され、その年の運用が企業が約束した利息より高ければ、その差額を翌年の掛け金に充当できます。このようなことは企業にしてみれば魅力のあるものです。但し、一定の水準の利回りは保証しなければならないことになっています。

6．確定拠出年金（DC:Defined Contribution Plan）（日本版401kプラン）

(1) 日本版401kプランの概要

米国の確定拠出年金401kプランを手本にして導入された年金制度で、個人型と企業型の2種類があります。個人型は個人が掛け金を拠出し、その運用成果をその個人が受け取るというもので国民年金基金の代替又は補完物と言えるものです。企業型は原則として企業が掛け金を拠出し、受け取りは従業員となるもので、厚生年金基金や旧「適年」等の企業年金の代替として大企業中心にある程度普及しています。共通するのは、いずれも将来の受取額が保証されていないという事と、拠出金の運用は自分自身が自己責任で行うという事です。

ここでは企業型を中心にして説明しましょう。企業がこの制度を導入する

には、まず従業員の同意を得て確定拠出年金規約を定め、厚生労働大臣の承認を得なければなりません。この規約が承認されると運営管理機関（主に金融機関等）と委託契約を結び、ここが導入以後の従業員窓口となります。

　一方企業は、資産管理機関（主に信託銀行等）とも契約を結んで毎月の掛け金を払込み、従業員が運用した資産（積立金）を保全してもらいます。運営管理機関は従業員に対して個別口座の設定および運用商品の提示や、従業員からの運用指示を取りまとめ、資産管理機関にその運用を指示したり、従業員の資産残高や運用状況の報告をしたりします。給付時には、従業員の給付資格裁定及び給付額の算定を行って資産管理機関に給付指示を出し、これによって従業員は資産管理機関から自己の運用の成果としての積立金を年金か、一時金で受け取ることになります**（図―11）**。なお、個人型については、企業型の運営管理機関を国民年金基金連合会が職掌することになっています。

（図―11）確定拠出年金企業型（日本版401ｋプラン）の仕組み

(2) 拠出金の限度額（平成27年10月現在）

① 個人型
　　国民年金の第１号被保険者（自営業者等）
　　　月額68,000円（年間816,000円）

　　　　（但し、国民年金基金と合算で）
　　　企業年金も企業型401ｋもない厚生年金の被保険者
　　　　月額23,000円（年間276,000円）
② 　企業型
　　　企業年金がない厚生年金の被保険者
　　　　月額55,000円（年間660,000円）
　　　企業年金のある厚生年金の被保険者
　　　　月額27,500円（年間330,000円）

　拠出金の限度額は以上のとおりで、この範囲内であれば、個人型で加入者が拠出する掛け金は全額所得控除、企業型で企業が拠出する掛け金は、全額損金となり従業員も非課税になります。

　給付については、60歳以前に給付できるのは死亡した時か一定の障害状態になった時だけで、それ以外は60歳以降でなければ給付は受けられません。なお、70歳になれば強制的に受給しなければならないことになっています。

　また、企業型の加入者が退職した場合、次の転職先企業がこの制度を導入していれば、そのまま転職先企業の制度に移す事が出来、導入していなければ国民年金基金連合会に移し、個人型として継続する事が出来るようになっています。

(3) 　マッチング拠出

　確定拠出年金企業型は、企業における退職金制度として位置づけられているため、制度創設当初は企業だけの拠出しか認められていませんでした。平成24年1月の法改正により、従業員も一定の範囲内で企業からの拠出金に上乗せできるマッチング拠出が可能となっています。ただし、確定拠出年金規約にその旨を定める必要があります。

　マッチング拠出をするかは任意で、当然に強制されるものではありませんが、拠出した場合の従業員の拠出金は小規模共済等掛金控除の対象となり所得税法上非課税扱いとなります。なお、社会保険料には何ら影響しません。

　マッチング拠出の限度額は、企業の拠出金と同額まで、且つ合計で拠出限

度額までになっています。

(4) 企業の感じる魅力

　この制度に企業が魅力を感じるのは、なんといっても確定拠出タイプの退職金制度であるため退職給付債務が、毎月の拠出金の支払とともに清算されるところにあります。拠出金を確実に支払ってさえいれば、現在のような如何に低金利で運用環境が悪化しようと、「積立不足」を心配する必要はありません。この概念自体が存在しないのです。

　したがって、旧「適年」や厚生年金基金の積立不足に泣かされ、悩まされ続けた企業にしてみれば、この制度に魅力を感じるのは当然のことでしょう。

　特に大企業・中堅企業などの上場企業にとっては、企業年金の莫大な積立不足や新しい退職給付会計等を考えると、導入時やその後の制度運営に金銭面な負担があっても、導入したくなるのも当たり前のことでした。そこには「21世紀は、自己責任の時代だ。」とか、「新しい企業年金により従業員にも投資感覚を身に付けさせることは、社員教育にもなる。」というような「きれい事」の世界ではない、切羽詰った、切実な状況があったのです。

(5) 導入は慎重に、確定拠出年金は「変額退職金」です！

　しかしながら、中小企業の場合、確定給付タイプの退職金はもうこりごりだという考え方だけでこの制度を導入するのは如何なものでしょうか。中小企業が確定拠出タイプの退職金制度を望まれる場合、先にも述べたように中小企業退職金共済、特定退職金共済、前払いという他の選択肢もあります。確定拠出タイプ＝日本版401ｋだけでは決してありません。

　したがって、日本版401ｋを検討される場合は、以下の点に留意して下さい。

① 　仕事に集中すべき従業員に退職金の運用（投資行為）までさせてよいのか。また、現実的にそれが行えるか。実際にすでに導入している企業の従業員の多くは、具体的な投資先を支持せず、この結果、定期預金での運用が70％程度となっています。

② 　制度導入には、従業員の過半数を代表する労働組合、労働組合がない場

合は従業員の過半数を代表する者との労使協定の締結が必要であるが、中小企業の場合、労働組合がない場合や従業員の過半数を代表する者も合理的な選挙等を経ずして選ばれている場合が多く、労使協定の有効性に疑問がある。この事は、後に、この制度導入をめぐり労使トラブルが生じた場合、企業にとっては不利な要因となる。
③ 実力や職責を基準に従業員毎に拠出金額の差をつけるのは、実力主義が叫ばれる昨今では自己責任として当然のことかもしれないが、その運用まで自己責任でやれ！とは、企業勝手の拡大解釈ではないか。
④ 投資感覚を身に付けることが、そのまま職務遂行能力の向上につながるとは限らないのではないか。要領の良い従業員だけが運用成果を挙げ、仕事に集中している従業員がそれに比べ不利益を被ることはないのか。
⑤ 導入時の費用の他に毎年の制度運営費や投資教育費などが発生する。退職給付債務は毎月精算されてもこの費用は制度が続く限り、永遠に毎月の拠出金とは別に企業の負担となる。
⑥ 投資教育に何らかの不備があり、そのために従業員の投資判断を誤らせたような場合、この責任は企業にあり、損害賠償の対象になる可能性がある。
⑦ 運用環境が悪いときに、この制度を導入すれば、想定利回りを低く設定せざるを得ず、その結果、企業拠出金の高値固定となりかねない。企業サイドから見れば、導入するにしても運用環境が好転してからにすべきである。
⑧ 従業員にとって、確定拠出年金は運用結果により最終的に受け取れる金額に大きな差が生じる。投資商品には株式等を中心にしたハイリスク・ハイリターンのものもあり、うまく運用できれば大きく増える可能性があるが、読み違うと大きく減る可能性もある。将に、生保各社が販売してる変額年金そのもので、どれだけ増えるのか、どれだけ減るのかわからない。

7．生命保険

(1) 生命保険で退職金準備

　退職金積立としての保険商品の利用は、特に公的な退職金積立制度として設けられたものではありません。これは、生命保険に与えられた税制上の優遇措置を利用することで企業独自の退職金制度を設計する場合に有効な手段となり得るものです。

　中小企業では、既に様々な生命保険商品を活用している企業もあると思いますが、廃止された退職給与引当金制度に替わる手段として、中退共や特退共などの社外積み立て制度を補完する手段としてなかなか使い勝手のよいものです。

　利用する保険商品としては養老保険がほとんどといっていいでしょう。したがって、ここでは退職金準備手段として、生命保険の中で使用頻度の特に高い養老保険について説明します。

(2) 養老保険

　養老保険は、生死混合保険といわれるもので、例えば企業が契約者、従業員が被保険者となって、保険期間60歳迄、死亡保障額1,000万円という内容の契約をしたとします。保険期間内に被保険者である従業員に死亡事由が生じれば、死亡保険金が1,000万円支払われます。保障期間内に死亡事由は発生せず、生存して60歳になり満期を迎えれば、満期保険金として1,000万円が支払われ、定年前に従業員が退職すれば保険契約を解約し解約返戻金が支払われます（図―12）（図―13）。

　このように養老保険は、退職金原資積立と従業員の死亡保障という２つ目的（退職金制度と弔慰金制度）が同時に達成できるもので、次に説明する契約パターンが一般的です。

(図—12) 養老保険・・・20歳加入、60歳満期、保険金額1,000万円の場合

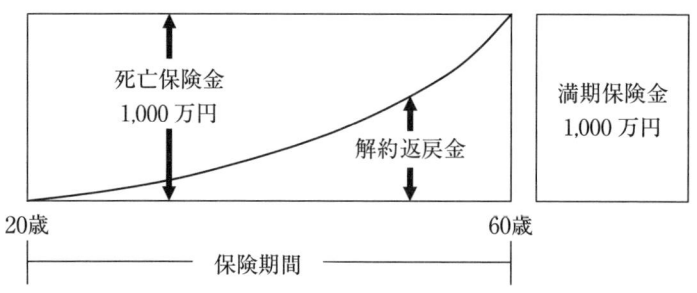

契約者	企　業
被保険者	原則として従業員全員、役員も可
死亡保険金受取人	従業員の遺族
満期保険金受取人	企　業
解約返戻金受取人	企　業
保険金額	合理的な基準により設定

【企業の経理処理】

保険料	企業	支払保険料として半額損金算入
	企業	積立保険料として半額資産計上

※保険料の経理処理については、第7章「退職金と税・社会保険料」を参考にしてください

【保険金の取扱い】

満期保険金・解約返戻金	企業の資産計上額を上回る金額は企業の益金
死亡保険金	従業員の遺族のみなし相続財産

(図—13) 死亡保険金・満期保険金・解約返戻金の受取人

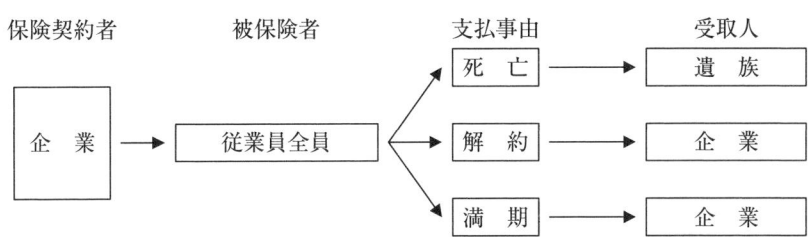

8. 預貯金（有税積立）

特に説明は必要ないと思われます。通常の企業内部留保金（預貯金）です。ただし、以前は一定の額が退職給与引当金として非課税とする税制上の扱いがありましたが、現在は廃止されています。

9. 前払い退職金と退職金の完全廃止

退職金積立制度でも積立手段でもないのですが、退職金の処理方法として前払いについて説明しておきます。

「退職金を前払いする」、もともと退職という事由が発生して初めて受取ることが可能になるのが「退職金」ですから、「前払い退職金」とは日本語になっているようでなっていないようにも感じられます。したがって、正確に言えば前払い退職金制度とは、毎年の退職金積立金を積立せず、直接従業員に毎月（毎年）支払う制度といった方が適しているかもしれません。

また、前払いの発想は、賃金の後払いという退職金の考え方を逆転発想し

たものといえます。毎日の労務の提供により生じた賃金の一部を将来の退職時に受取るものである、というのが賃金の後払い説なのですが、この部分を退職時ではなく月例給与または賞与で支払って、退職給付債務をその都度精算してしまうのが、この前払い退職金制度です。

前払い退職金は、月例賃金または賞与にて「前払い退職手当」とか「前払い退職賞与」といった名称で直接従業員に支払うため、積立手段ではなく支払手段になります。そして、支払うことで企業の債務は清算され、従業員の債権も無くなります。このことから前払い退職金制度は、制度運営が厳格にされていないと単なる退職金制度の廃止と何ら変わらない制度になってしまう恐れがあることを認識しておかなければなりません。

したがって、前払い退職金を採用する場合は、前払いする金額の計算方法を厳格に設定することと、本来の給与（月例給与）または毎期の賞与と明確に区分して管理できる賃金制度が確立されていることなどが制度導入の前提となります。

賞与支払については、賃金規程等に賞与支払基準（例えば、原則として基本給の2ヶ月分とか2.5ヶ月分といった計算基準）を設けている必要があります。しかしながら、中小企業の場合、このような規定を設けていないことがほとんどで、業績如何で賞与の額が大きく変動することもしばしばあります。このような場合、本来の賞与額とそれに上乗せして支払う前払い退職金を明確に区別することは、実質的に不可能であるといっていいでしょう。「どさくさに紛れて退職金が無くなった。」と従業員から言われないためにも、賞与支払基準が明確でない中小企業は、賞与支払は避けるべきです。

次に月例賃金で支払う場合も、本来の月例賃金と前払い退職金を明確に区別する必要があります。そのためには、人事システムが確立し賃金表（段階号俸表など）による昇給制度が確立し、合理的な人事考課に基づいた賃金査定が出来ていること、毎年の客観的合理性をもった賃金改定が行われている事などが最低条件といえます。

賃金表もなく毎年の昇給基準が曖昧な企業は、単純に前払いとせずに中退共、特退共、確定拠出年金企業型を契約することで月例賃金や賞与と明確に

●第4章　退職金積立制度

区別して退職時に従業員が確実に受け取れるようするべきでしょう。

なお、賞与または月例賃金で直接従業員に支払った場合、源泉課税、社会保険の算定基礎、雇用保険料の対象になります。（第7章「退職金と税・社会保険料」《参考資料—4》前払い退職金の社会保険料の取扱いについて：参照）

10. 確定拠出タイプに適した積立制度…制度比較

　確定給付タイプの退職金制度において退職金原資の積立過程における掛金や保険料の税の取扱いは、企業にとっては全額損金算入、半額損金算入、全額資産計上など様々ですが、従業員にとっては基本的に課税対象になることはなく、また社会保険料の算定基礎に含まれることもありません。

　したがって、確定給付タイプの退職金制度の場合、企業は税制面、財務面、運用面、運営面などを考慮して最も合理的と思える積立制度を選択すればよく、どの制度であっても退職金支払いに支障が生じなければ、従業員はどこで積立てられようが直接影響を受けることはありません。

　これに対して、確定拠出タイプの退職金制度の場合、企業が「掛金等」をどの制度（手段）で管理するのかによって従業員の負担が違ってきます。

　(表—18)で確定拠出タイプに適応すると思われる各制度（手段）を比較しました。制度（手段）選択をされる際の参考にしてください。

(表—18) 確定拠出タイプの退職金制度における積立制度（手段）の従業員負担

積立制度手段	掛金等の課税関係	社会保険料算定基礎	死亡退職時	退職（生存）時
給与又は賞与で前払い	給与所得課税	対象	預貯金等があれば相続税	何も残っていない可能性あり
中退共	課税対象外	対象外	死亡退職金相続税	退職所得
簡易型CB	課税対象外	対象外	死亡退職金相続税	年金受取：雑所得 一時金受取：退職所得
401k企業型	課税対象外	対象外	死亡退職金相続税	年金受取：雑所得 一時金受取：退職所得

第5章

退職金制度設計の前提

　第1章から第4章まで退職金の現状や制度の捉え方、退職金規程の重要項目、主な退職金積立制度等について解説してきましたが、これらの他に新制度創設、制度見直しをする際の制度設計の前提として必ず理解しておくべき幾つかの要点があります。

　この章では、具体的な制度設計に入る前に退職金制度の基本的な方向性を決定する要点を示していきます。

　要点は、「3つの賃金・・それぞれの法的支払義務」、「退職金の3つの性格」、「退職金積立金の年度予算化」の3点です。また、特に第1章と第2章で述べてきたことは、頭の中では充分理解したつもりでも、実際の制度見直し時には、ほとんど抜け落ちてしまうことがよくあります。固定概念の打破が必要です。

1．3つの賃金・・・それぞれの支払い義務（債務）

　賃金は、大きく区分すると月例賃金、賞与、退職金に分けられます。この中で法律上、必ず支払わなければならないのは、月例賃金です。これは、日々の労働の対価として支払われる賃金で、毎月一回以上、一定の期日を定めて、

本人に直接、現金で、全額を支払わなければならないことが労働基準法で定められています。したがって、これを支払わなければ労働基準法違反となることはいうまでもなく民法上の債務不履行になります（支払い義務＝債務です）。

ただし、賞与と退職金については、それぞれ就業規則等（賃金規程や退職金規程を含む）でどのように定められているか、または慣習的にどのように扱われているかにより、その支払い義務の有無が違ってきます。賃金規程や退職金規程などで支払いを約束していたり、退職金については何らかの基準により慣習的に支払ってきていれば、賞与や退職金も月例賃金と同じく支払い義務が生じますが、そうでなければ、これらの支払い義務は生じません。つまり、賞与や退職金に係る債務は企業には発生しないことになります。

例えば、賞与は、賃金規程等で「賞与は、社員の勤務成績、勤務態度、および会社の業績を勘案し、○月と○月に支給する。ただし、会社業績や財務状況等により支払日を延期したり、または支給しないことがある。」と定められていれば、会社の業績などを理由に不支給としても特に法的な問題は生じません（ただし、社員の勤労意欲低下などは別問題です）。

これに反して「賞与は、基本賞与と業績賞与からなり、7月と12月に支給する。7月支給分の基本賞与は基本給の1ヶ月分とし、業績賞与は社員の勤務成績、勤務態度による査定、および会社業績を勘案して決定する。12月支給分の基本賞与は基本給の1.5カ月分とし、業績賞与は社員の勤務成績、勤務態度によおる査定、および会社業績を勘案して決定する。」といったような定め方をしていたり、または労働協約により同様の定めをしていれば、業績賞与については業績等の悪化を理由に不支給とすることはできますが、基本賞与については支払い義務が生じます。

中小企業の賞与については、ほとんどの場合が前者、つまり業績等を理由に一方的に不支給、または大幅な減額をしても法的には何ら問題のないケースが多いようです。つまり、求人広告や雇用契約書に「年2回の夏冬の賞与制度あり」と記載されていても、会社の業績如何では最悪の場合「今季は賞与なし」と出来るような就業規則の定め方になっている場合が多いというこ

●第5章　退職金制度設計の前提

とです。

　一方退職金は、就業規則（多くの場合、就業規則本則の別則として退職金規程が設けられるのが一般的です）やこれに準ずるもの（労働契約書等）によって支払いを約束していたり、何らかの基準で退職金を支払うことが慣習化していれば、懲戒解雇等を理由とした退職金の不支給や減額の定めに該当しない限り、如何に業績が悪化していたとしても支払わなければならない義務が生じます。

　したがって、企業は従業員の退職時に無難なく退職金を支払うことが出来るために何らかの手段で日頃から退職金原資を積み立てています。しかしながら、この原資が当初の予想通りに積立てられていれば問題はありませんが、そうならずに財務面に大きな負担を生じさせているのがバブル崩壊以後、今日までの退職金積立の現状です。

　なお、賞与と退職金を企業の債務として捉えれば、基本賞与は月例賃金の一部を半期単位にまとめて支払っているといえますし、退職金は月例賃金の一部を退職時まで支払いを留保している、といった解釈が成り立ちます。この考え方は、後で説明する退職金の賃金後払い説の根拠となっています。

(表—19)　賃金の支払い義務

賃金	月例賃金	労務の対価として、労働契約に則って賃金を支払う義務あり
	賞　与	賃金規程の定め方によるが、中小企業の場合、会社の業績により支給額を増減したり不支給にできるケースが多く、この場合、法的支払い義務はない
	退職金	退職金規程などで支払いを約束すれば支払い義務あり

2．年間人件費総額の把握

　中小企業の退職金制度を設計するとき3つの賃金をよく理解したうえで、まず確認しておかなければならないポイントは以下の通りです。
① 　直近年度の月例賃金総額、及び賞与総額
② 　退職金原資の年間積立額（保険料や掛金、拠出金等）・・・ただし、既存の退職金制度が存在する企業のみ
③ 　賞与の支払い義務の有無、有る場合はその程度

　①の月例賃金総額、および賞与総額と②の退職金の年間積立額を合計した額が、年間人件費総額になります。退職金原資の年間積立額は、人件費であって人件費でないような中途半端な認識をもってしまいそうですが、これは紛れもなく人件費です。
　企業の財務面を特に重要視するなら、退職金年間積立額は人件費であるという認識を強く持つことです。決して月例賃金や賞与と切り離して考えてはいけません。従業員の毎年の月例賃金総額、賞与総額に加えて退職金積立金を年間人件費総額として予算化し、その枠内に抑えていくべきです。
　企業が職能給や成果給、または職責給の導入などによって賃金制度を見直す際、退職金制度見直しも一緒に行うことがありますが、制度見直しとはいっても退職金の支給水準、制度形態は従来のままで、計算方法だけの変更（例えば、給与比例方式をポイント式に切り替えるといったもの）のケースがほとんどです。
　このような制度見直しは、計算方法を変更することで人事面については考慮されたといえますが、財務面については全く無視されています。第1章で説明したように、これからの退職金制度は人事面だけでなく財務面も一緒に検討する必要があります。
　実際に退職金制度が財務面にどれだけ影響を及ぼすのか、またこれからの

●第５章　退職金制度設計の前提

企業経営の中で財務面にどのような影響を与えるのかは、第１章で解説したとおりです。

３．退職金制度の「健康診断」が必要！

　年間人件費総額の一部として退職金の年間積立金を捉えるのであれば、退職金制度の財政検証が毎年必要になります。第１章で説明した退職給付債務に対して退職金積立がいくら出来ているかを検証しなければなりません。
　この検証は、以下の計算式で年度末における退職金積立の過不足を把握して行います。

（退職給付債務）－（年度末退職金積立額）＝年度末退職金積立過不足額

　退職給付債務は、退職金規程に基づいて期末において、従業員全員が自己都合退職したと仮定した場合に必要となる退職一時金の総額を算出してください。年度末退職金積立額は、退職金原資の積立をしている積立制度（手段）における年度末の積立総額です。この差額が年度末の退職金積立過不足額となります。
　年度末積立金額が退職給付債務より少なければ、翌年度以降速やかに何らかの方法で追加していかなければなりません。この追加負担額は、当然年間人件費総額に加算されることになります。また、年度末積立額が退職給付債務より多ければ、翌年度に積立金減額等の調整をすることになります。
　過去（いわゆるバブル経済まで）の退職金制度は、積立不足ではなく積立超過の状態がほとんどでしたが、現在は、ほとんどの場合その逆になっている模様です。従来型の退職金制度を積立額を増やさないまま維持していれば、年々不足金が増加していきます。

89

このような年1回の制度検証(退職金制度の健康診断)は、これから確実に制度運営を行っていくために必要です。毎年行う退職金事務として下さい。

4. 確定拠出タイプ、確定給付タイプによる賞与の役割

　第3章「退職金規程の重要事項」で説明した制度形態である確定拠出タイプ(掛金建て)と確定給付タイプ(給付建て)のいずれかを選択するかにより年間人件費総額の中での賞与の役割が異なってきます。
　賃金規程などで賞与支払いが義務化されていない場合、必ず支払わなければならない賃金は、月例賃金と退職金です。また、賞与支払いが義務化されている場合でも義務化しているのは基本賞与の部分であって、業績賞与についてはあくまで企業の業績次第ということであれば、支払い義務が生じるのは月例賃金、基本賞与および退職金ということになります。
　実際、月例賃金は、昇給、扶養家族の増減、役職の変更、時間外勤務や休日勤務の増減などにより変動することはありますが、合理的な理由もなく一方的に変動させることはできません。特に企業業績の不振を理由に賃金カットするような場合、原則として従業員個別の同意が必要になります。これは退職金も同様です。
　これに対して、賞与は企業の業績等を理由に大きな変動(不支給であったり前年に比し減額)があっても法的には何ら問題は生じません(就業意欲の低下等は起こり得ますが…)。つまり、年間人件費総額の中で賞与は、企業の業績等により企業の裁量で増減することが可能な調整弁としての役割を持っています。
　この役割は、確定給付タイプの退職金制度で生かされます。**(図—14)** と **(図—15)** をみてください。
　確定拠出タイプの場合、賞与額は主に業績等により左右され、それ以外の

● 第5章 退職金制度設計の前提

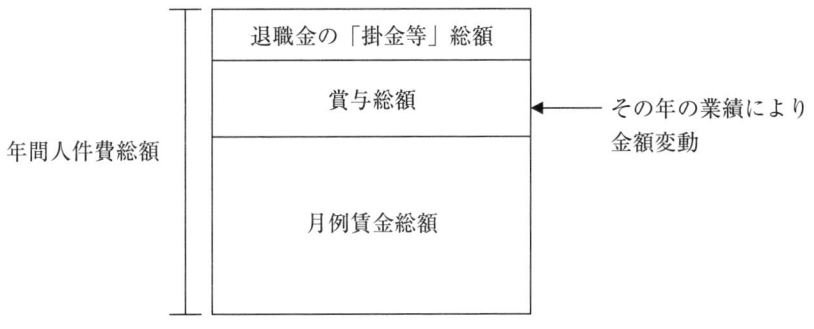

(図—14) 確定拠出タイプ　年間人件費総額

(図—15) 確定給付タイプ　年間人件費総額

要因で大幅な変動があることはありません（成果や実力評価等による従業員個々の変動はあります）。

　これに対して、確定給付タイプの場合、業績だけでなく退職金の積立状況も考慮して賞与総額を決めていかなければなりません。つまり、運用状況が悪く退職給付債務に対し積立額に不足が生じることになり、追加負担金が必要になれば、この分だけ賞与を減らすことで年間人件費総額を維持することが可能になります。

　したがって、賞与は業績や退職金積立状況による年間人件費総額の調整弁

91

としての役割も担っているといえます。

５．退職金の性格・・・功績報奨・老後保障から後払い説へ

　退職金には、大きく分けて法的面で３つの性格があるといわれています。
① 　従業員の在職期間に対する功績報奨・・・（功労金制度）
② 　従業員の退職後、特に定年退職後の生活保障・・・（福利厚生制度の一環）
③ 　賃金の後払い・・・（賃金制度の一部）
　３つの性格の内、どれが強く認識されるかは時代の変遷、社会環境の変化、および労使双方の立場の違いなどにより次第に変わってきています。
　退職金の歴史を見ていくと、江戸時代の「のれん分け」に始まったとか、明治初期の殖産興業の中にあって有能な熟練技術者を足止めするために現在のような退職金制度が設けられるようになったといわれています。つまり、この時代は有能な従業員を確保する手段であり、且つ長年勤務した従業員に対し報いる為の任意恩恵的な功労金、つまり退職金は功績報奨であるとの認識が強かったといえます。
　戦後、経済の高度成長期に入っていき国民の生活水準も次第に向上していく中で、退職金は永年勤続し定年退職した従業員の老後保障という性格も帯びてくるようになりました。昭和36年に創設された国民年金による国民皆年金、また核家族化などといった生活様態の変化といった時代背景の中で、厚生年金基金や旧「適年」等の企業年金が大企業だけでなく中小企業にも普及し始めたことも影響したようです。
　このように退職金は、功績報奨としてだけでなく従業員の退職後の生活保障といった性格を兼ね備えたものと認識されるようになっていきましたが、何れにせよ、終身雇用制度と相まって従業員の企業に対する帰属意識や愛社

精神を高揚させる上で、大変効果的に作用したものといえます。

その後、ドルショックやオイルショックの時代、そしてバブル経済の隆盛、崩壊と進んでいく中で、強調され始めたのが退職金は賃金の後払いという性格（これを退職金の賃金後払い説といいます）です。

これは、退職金は元々月例賃金や賞与で支払われる金銭の一部が退職時まで支払いが留保されているのであり、したがって勤続期間における労働の対価そのものである、という考え方です。退職金制度を新設したり見直したりする上で特に留意すべき点がこの賃金後払い説です。これは、また労使間の退職金トラブル（多くの場合が退職金の減額や不支給に関わるもの）に際して労働者側から必ず主張されるものであり、訴訟となった事件の判例の多くは、この立場に立って示されています。

3つの性格は、第3章で説明した退職金の支払いの目的と重なるところがあります。これらの性格を理解したうえで自社の退職金支払いの目的を定めること、つまり退職金に対する企業の目的が法的面での性格と一致することが理想的です。

ただ、中小企業にはこの性格論はあまりピンとこないかもしれません。経営者の認識としては退職金はあくまで長年の勤務に対する慰労金でしかないからです。ましてや、賃金の後払い説などは到底受け入れ難いかもしれません。しかしながら、昨今の退職金をめぐる状況を考慮すると、逆に後払い説を受け入れた上で退職金支払いの目的を明確にしていく方が現実的な対応といえます。

6．固定概念の打破・・・制度見直しを遂げるために

確定給付タイプの退職金制度の場合、退職金額は独自の計算方法（計算基準）で決めることが出来ますが、積立金の積立状況は市場の運用環境に支配

されます。

　第1章の「5．運用益（利息）で支払っていた退職金」をここで再度読み返してください。これが紛れもない事実です。そして現実です。このことをしっかりと捉えて新しい退職金制度を設計・構築してください。「経済は変動するもの、良くもなれば悪くもなる。そのうち何とかなるだろう。」などとお考えならば、それは大きな間違いです。景気の動向に左右されない退職金制度の構築が急がれています。

　一番重要なことは、退職金制度を退職金規程と積立制度（手段）に区別して捉えることです。第2章において充分説明しましたが、再度、この考え方を頭の中で明確にしてください。

　そして退職金規程と積立制度に整合性があるかどうかよく分析してください。退職金規程が確定給付タイプになっているにもかかわらず、積立制度が確定拠出タイプ（掛金建て）になっていたり、その逆になっていないですか！

　例えば、第4章「退職金積立制度」の中で説明した確定給付タイプの制度形態でありながら中退共だけで積立金準備をしているようなケースです。しかしながら、多くの中小企業の退職金制度は、このような制度になっています。本当にこれでいいですか？よく考えてみてください。

　退職金制度見直しをする際、退職金に対する従来の制度内容や考え方に囚われて根本的な見直しが進まないケースが少なくありません。その上、制度を大きく変えた場合、従業員に対してどのように説明したらよいのか、また従業員の反発といった心配や不安ばかりが念頭をよぎり、思い切った制度見直しを躊躇する場合があります。

　固定概念は一旦頭の中から消し去ってください。制度見直しの行程については次の第6章で詳しく解説しますからそれにしたがってすすめてください。先々のことは考えず、既成概念を捨て去って、まず一度、自社に最も適していると思う退職金を思い描いて制度設計してみてください。

　積立制度の善し悪しばかりが気になって従来の制度から脱却できない、市場の運用環境は良くもなれば悪くもなるから一喜一憂しても仕方がない、大

規模な変更は従業員へ説明が出来ない、といった考え方で従来通りの退職金制度を維持したまま企業リスクを抱え込むしかない、・・・このような固定概念を打破しなければ、制度見直しは出来ません。

第6章

退職金制度見直しの行程

　第1章「制度疲労を起こしてきた退職金制度」において説明したように、20世紀において設けられた退職金制度を旧態依然のまま継続運用することは、企業に降りかかっている甚大な経営リスクを何ら対策も講じることもなく放置したままの状態にしているといっても過言ではないでしょう。

　退職金原資の積立不足に端を発した第2次退職金ショックは、旧「適年」制度廃止、厚生年金基金の代行部分返上、基金解散促進策、度重なる中退共の予定利回り引き下げなどを通じて従来型の退職金制度の維持運営に大きな警告を発し退職金制度の根本的な見直しを迫っています。

　これに対し大企業や中堅企業は、平成14年4月の確定給付企業年金法の施行に合わせて従来の「常識」的な制度内容を大幅に見直し、特に財務面を重視した制度へと大改革を断行しました。これは、第2次退職金ショックを一時的でなく慢性的な企業リスクになり得ると判断したからです。つまり、退職金の「常識」が変化し始めました。

　しかしながら、中小企業は、旧「適年」積立金の処理（解約、または中退共等へ移管）や基金の解散処理はしたものの、制度の基本的内容は何ら見直さず、退職金規程の文面上の「書換え」だけに終わってしまっているケースが大半です。これは、まだ20世紀の「常識」の中から抜け出せていないということです。

　この章では、退職金制度の財務面のリスクを和らげ、人事面の効果を高めた21世紀に維持・運営出来る新しい退職金制度を構築するための制度見直し

行程を解説していきます。

なお、新規に退職金制度を創設する場合は、見直し行程第5行程と第7行程以降を参考にして新制度設計を行い、第9行程で従業員に対して制度創設の目的をしっかりと説明してください。会社は時間をかけて制度設計をし、今後新たな人件費（または人的投資）を支払い続けていくのですから、制度創設の目的を明確にして、今以上に従業員のモラールアップにつながるようにしなければ、負担のし甲斐がありません。

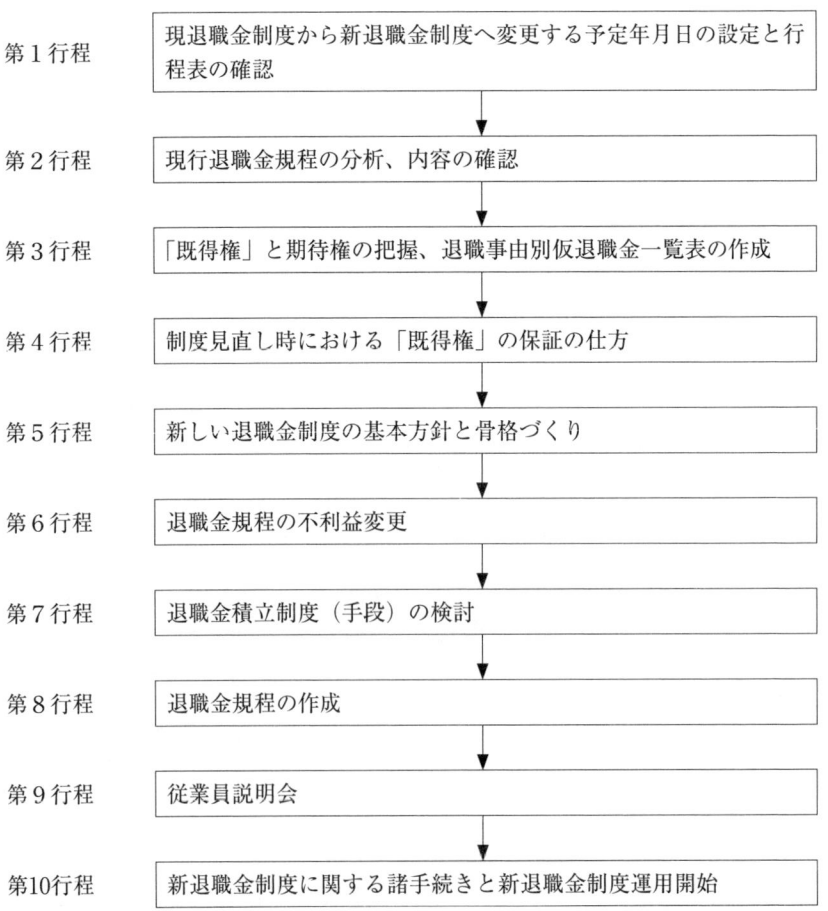

制度見直し10の行程

第1行程	現退職金制度から新退職金制度へ変更する予定年月日の設定と行程表の確認
第2行程	現行退職金規程の分析、内容の確認
第3行程	「既得権」と期待権の把握、退職事由別仮退職金一覧表の作成
第4行程	制度見直し時における「既得権」の保証の仕方
第5行程	新しい退職金制度の基本方針と骨格づくり
第6行程	退職金規程の不利益変更
第7行程	退職金積立制度（手段）の検討
第8行程	退職金規程の作成
第9行程	従業員説明会
第10行程	新退職金制度に関する諸手続きと新退職金制度運用開始

●第6章　退職金制度見直しの行程

　制度見直しの行程は、ほぼ10行程に区分出来ます。まず第1行程にて制度改革における日程を決定していきます。第2行程から第4行程で、現行の退職金規程の内容分析、将来の退職事由別仮退職金額、退職金原資の準備状況、制度見直し時における所謂「既得権」などを把握していきます。

　その上で、第5行程、第6行程、および第7行程にて新しい制度を構築していきます。現状をしっかりと認識して新しい退職金制度の方向性を見出し、不利益変更の有無を確認し、不利益変更対策、積立制度の検討などをしながら具体的な新制度案を決定します。これが決まると第8行程で新退職金規程案を作成します。

　そして、第9行程で新しい退職金制度の従業員説明会を開催することになりますが、制度内容が大幅に変わる場合や不利益変更が生じる場合は、第9行程が制度見直しの中で最も神経を使うところになります。

　第9行程が終了すれば、後は第10行程で制度見直しに伴う事務作業（退職金規程の労働基準監督署への届出や新しい積立制度の契約等）を行い、新制度の運用開始となります。

　以下、この行程に従って具体的に退職金制度改革の流れを解説していきましょう。

第1行程

現退職金制度から新退職金制度へ変更する予定年月日の設定と行程表の確認

　まず、行程表を作成して新しい退職金制度に移行する年月日を設定しなければなりません。ここで期限を定めることによって、制度見直しの大まかな道筋が見えてきます。また、何事にも共通することですが、目標設定（期限設定）を行わなければ、いたずらに時間ばかりを消費し、制度見直しが前に進まないということにもなりかねません。

　したがって、先に示した一連の行程に必要と思われる日数等を考慮して、新退職金制度運用開始の期日を決定します。勿論、新制度の内容や、「既得権」の問題、積立制度の選別、従業員の反応などにより制度見直しに必要と

なる期間を途中で修正することもありますが、その場合も修正する期限を明確にして下さい。

行程表は、(表—20) のようになります。ここでの第2行程～第9行程までを1ヶ月で行えば、2ヶ月以内で全行程を終了する事は可能です。ただ、退職金制度の見直しは頻繁に行うものではありませんし、また行えるものでもありません。したがって、特に第5行程～第9行程の段階では人事面と財務面を充分に検討しながら進めていかなければならず、それに見合った期間の設定が必要になります。

(表—20) 制度見直し行程表

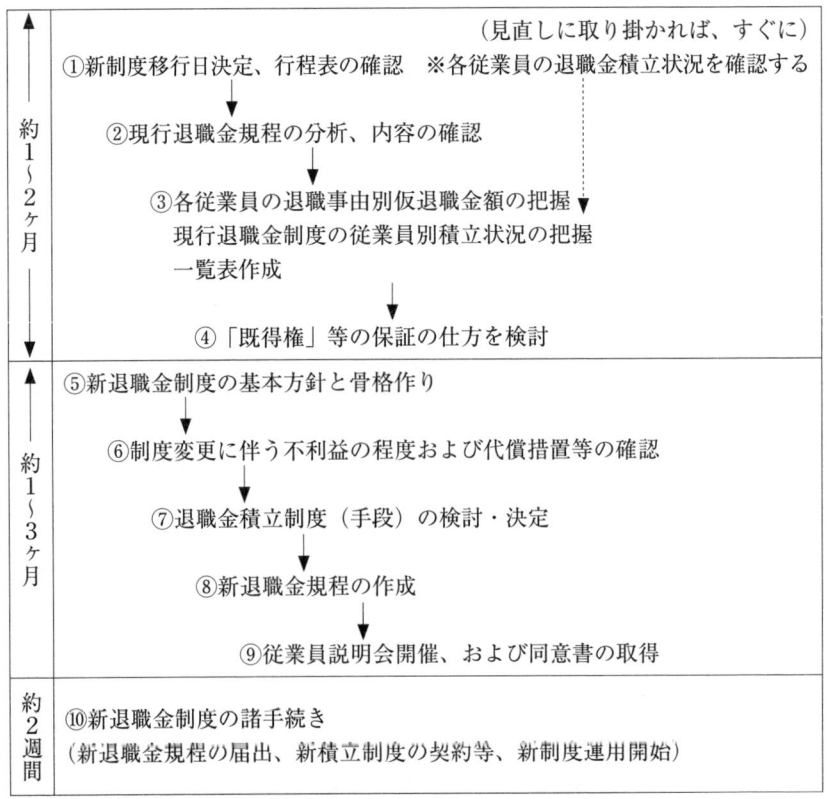

第2行程

現行退職金規程の分析、内容の確認

　まず、現行の退職年金制度の内容をしっかりと理解しなければなりません。第3章の退職金規程の重要項目等を念頭において現行退職金規程をよく分析し、制度の全体像を確認していきます。その際、以下の点を重点的に分析して内容を充分に把握してください。

1．退職金の支払い目的
2．退職金規程の適用対象者、適用除外者、および受給要件
3．「退職一時金等」の計算方法、および制度形態
4．支給水準の確認
5．支払方法、および支払時期
6．支払い対象となる勤続年数
7．退職金の調整
8．退職金の支給制限
9．退職金積立制度（手段）の確認

　ここでは、中小企業で最も多く採用されている内容の退職金規程を分析用として例示します。この分析用規程例は、同時に旧「適年」制度に加入していた企業が実質的な制度見直しを行わず、単純に旧「適年」の退職年金規程を書換えた場合の規程例でもあります。旧「適年」制度に加入していた企業は、比べてみてください。また旧「適年」制度には関わりの無かった企業も自社の現行規程と比較してみてください。

　この分析用規程例の退職金計算方法は、中小企業で最も多く採用されている給与比例方式と定額方式をそれぞれ第4条、*第4条"* としています（中小企業の旧「適年」退職年金規程は、ほとんどが何れかの計算方法でした）。支払方法は一時金、中退共にて退職金積立を行っているケース（中小企業の場合、中退共が最も多い）です。勿論、各条項の記載の仕方に相違点はある

かと思いますが、基本的な内容に共通部分が多いと思われる最も一般的な規程例です。

　まず、ここでの分析方法をよく理解し、自社の退職金規程を分析してください。なお、これら以外の計算方法（例えば、ポイント方式等）が定められている場合は、第3章「退職金規程の重要事項」の中の退職金等の計算方法を再度確認してから分析してください。また、第3行程「制度移行時における従業員毎の退職事由別仮退職金額の把握」も同様です。

（分析用規程例）

退職金規程

（※第4条は給与比例方式、※第4条″は定額方式を表示しています）

（目的）
第1条　　この規則は、従業員の退職金に関する事項を定める。
　　　　⑵　○○株式会社における退職金は、在職中の職務に対する功労に報いることを目的として支給するものである。

（適用範囲）
第2条　　この規程は、就業規則本則第○条（従業員の定義）における正社員にのみ適用する。従って以下の各号に該当する者にはこの規程は適用せず、退職金は支給しない。
　　　　１．役員（使用人兼務役員は除く）
　　　　２．日々雇入れられる者
　　　　３．期間を定めて雇入れられる者
　　　　４．嘱託及び顧問
　　　　５．パートタイム従業員及びアルバイト

（適用除外）
第3条　　第2条（適用範囲）の規定にかかわらず、退職時における勤続年

数が満3年未満の者は、この規程の適用除外とし、従って退職金は支給しない。

(退職金額)・・・給与比例方式

第4条　従業員に支給する退職金の額は、退職時の基本給額に退職事由別、及び勤続年数別に定められた支給係数を乗じた額とする。

⑵　従業員が次の各号による事由で退職する場合は、退職時の基本給額に（別表—4の1）に定められた勤続年数に基づく支給係数を乗じた額を退職金として支給する。

1．就業規則第○○条（定年）の定めによる定年退職（定年退職）
2．死亡による退職（死亡退職）
3．業務上の傷病が原因で、就業が困難となり退職するとき（通勤災害によるものは除く）
4．取締役就任のため一旦退職するとき（役員就任退職）
5．就業規則第○○条（普通解雇）に定める業務の整備、縮小もしくは閉鎖等による人員整理のため退職するとき（整理解雇）
6．その他、会社の都合により退職するとき。ただし、従業員の責めに帰すべき事由による解雇は除く。

⑶　従業員が第2項に掲げる事由以外により退職するときは、退職時の基本給額に（別表—4の2）に定められた勤続年数に基づく支給係数を乗じた額を退職金として支給する。

⑷　ただし、退職事由が懲戒解雇及び競業避止義務違反の場合については、第9条（退職金の不支給）の定めによる。

※　**(退職金額)・・・定額方式**

第4条"　従業員に支給する退職金の額は、勤続年数および退職事由に応じて（別表—4"の1）、（別表—4"の2）のとおりとする。

⑵　退職事由が定年退職である場合、勤続年数により（別表—4"の1）のとおりとする。

⑶　定年前に中途退職する場合、勤続年数により（別表—4"の2）のとおりとする。

(勤続年数)
第5条　勤続年数の計算については、原則として入社の日から退職または死亡した日までとする。従って試用期間も勤続年数に算入する。ただし、以下の各号に該当する期間については勤続年数より控除する。
　　1．就業規則第○○条（休職）に定められた休職の期間。
　　2．就業規則第○○条（生理休暇・産前産後休暇）における、産前・産後の休暇期間
　　3．就業規則第○○条（育児・介護休業）の定めにより取得した育児休業及び介護休業の期間
　　4．その他、自己の都合による欠勤の期間
　⑵　前項の勤続年数に端数が生じる場合、1年未満の端数月は切り捨てる。

(退職金額の端数処理)
第6条　退職金の額の計算において100円未満の端数が生じた場合は、これを四捨五入する。

(中小企業退職金共済契約)
第7条　この規程による退職金の支払を確実にする手段の一つとして、会社は勤労者退職金共済機構中小企業退職金共済本部（以下、中退共本部という）と退職金共済契約を締結する。
　⑵　中退共本部との退職金共済契約については、勤続年数が満2年に達した従業員について、その達した日の属する月に退職金共済契約を締結することとする。

(退職金の調整)
第8条　中退共本部から支給される退職金額が、第4条（退職金額）により算出された退職金額より多い場合、中退共本部から支給される金額を本人の退職金の額とする。
　⑵　中退共本部から支給される退職金額が第4条（退職金額）により算出された退職金額より少ない場合、その差額は会社より直接本人に支給することとする。

(退職金の不支給)

第9条　就業規則第○○条（懲戒解雇）の事由に該当し懲戒解雇となった場合は、第4条（退職金額）は適用せず、原則として退職金は全額不支給とする。従って、中退共本部との退職金共済契約に基づく積立金についても、会社は中退共本部に対し全額不支給の申し入れをすることとする。ただし、中退共本部の決定により、その全部または一部が支給される場合はこの限りではない。

(2)　競業避止義務に違反した場合、又は違反することが明らかな場合は、第4条（退職金額）により算出された金額の1/2に相当する額の範囲内で減額して支給する。ただし、この場合は中退共本部に全額または一部不支給の申し入れはしない。

(支給の時期及び方法)

第10条　退職金のうち、中退共本部から支給される部分は、従業員（従業員が死亡した場合はその遺族）に交付する退職金共済手帳により、従業員（従業員が死亡した場合はその遺族）が中退共本部に申請することにより支給される。

(2)　従業員が退職または死亡した場合は、やむをえない理由がある場合を除き本人又は遺族が遅滞なく退職金を請求できるよう、速やかに退職金共済手帳を本人又は遺族に交付する。

(3)　退職金のうち、会社より直接支給する部分は、原則として退職、解雇または死亡の日から6ヶ月以内にその全額を通貨で支給する。ただし、従業員（従業員が死亡した場合はその遺族）の同意がある場合は、本人指定の銀行口座振込みにより支給するものとする。

(受給権者)

第11条　従業員が死亡した場合の退職金は、死亡当時、本人の収入により生計を維持していた遺族に支給する。

(2)　前項の遺族の範囲及び支給順位については、労働基準法施行規則第42条から第45条の定めるところを準用する。

(債務の償還)

第12条　退職金の支給に際し、従業員が会社に対して弁済すべき債務がある場合で、会社から直接支給される退職金がある場合、本人の同意の上で会社から支給される金額よりその債務の額を控除する。

(退職金規程の改廃)

第13条　この規程は、関係諸法令の改正及び社会事情の変化などにより必要がある場合には、従業員代表との協議の上、改廃することが出来る。

(附則)

第14条　この規程は、平成△△年△△月△△日から施行する。

第4条（退職金額）・・・給与比例方式の（別表―4の1）　定年・死亡・会社都合退職

年数	支給係数	年数	支給係数	年数	支給係数	年数	支給係数
3	2.27	13	14.17	23	25.07	33	35.97
4	4.36	14	15.26	24	26.16	34	37.06
5	5.46	15	16.35	25	27.25	35	38.15
6	6.54	16	17.44	26	28.34	36	39.24
7	7.63	17	18.58	27	29.43	37	40.33
8	8.72	18	19.62	28	30.52	38	41.42
9	9.81	19	20.71	29	31.61	39	42.51
10	10.90	20	21.80	30	32.70	40	43.60
11	11.99	21	22.89	31	33.79	以下、余白。41年以上は、40年に同じ。	
12	13.08	22	23.98	32	34.88		

●第6章　退職金制度見直しの行程

第4条（退職金額）・・・給与比例方式の（別表―4の2）　自己都合退職

年数	支給係数	年数	支給係数	年数	支給係数	年数	支給係数
3	1.14	13	10.06	23	20.06	33	30.93
4	2.18	14	10.93	24	20.93	34	32.06
5	2.73	15	11.85	25	22.07	35	33.38
6	3.27	16	12.73	26	22.96	36	34.48
7	4.23	17	13.63	27	24.13	37	35.58
8	5.41	18	14.52	28	25.02	38	36.69
9	5.38	19	15.53	29	25.82	39	37.79
10	7.32	20	16.67	30	27.14	40	38.89
11	8.24	21	17.80	31	28.38	以下、余白。41年以上は、40年に同じ。	
12	9.16	22	18.93	32	29.64		

第4条"（退職金額）・・・定額方式の（別表―4"の1）　定年退職

年数	退職金額	年数	退職金額	年数	退職金額	年数	退職金額
3	313,600	13	2,464,000	23	8,031,000	33	15,436,200
4	392,000	14	2,800,000	24	8,871,000	34	15,957,800
5	504,000	15	3,546,200	25	9,491,200	35	16,480,000,
6	672,000	16	3,963,400	26	10,325,600	36	17,105,000
7	896,000	17	4,484,800	27	10,951,400	37	17,522,200
8	1,064,000	18	5,006,400	28	11,785,600	38	17,939,400
9	1,232,000	19	5,632,200	29	12,515,800	39	18,252,400
10	1,456,000	20	6,049,400	30	13,558,800	40	18,773,800
11	1,680,000	21	6,675,000	31	14,080,400	以下、余白。41年以上は、40年に同じ。	
12	2,016,000	22	7,301,000	32	14,601,200		

第4条"（退職金額）・・・定額方式の（別表―4"の2）定年前中途退職

年数	退職金額	年数	退職金額	年数	退職金額	年数	退職金額
3	156,800	13	1,232,000	23	4,015,500	33	7,718,100
4	196,000	14	1,400,000	24	4,435,500	34	7,978,900
5	252,000	15	1,773,000	25	4,745,600	35	8,240,000
6	336,000	16	1,981,500	26	5,162,800	36	8,552,500
7	448,000	17	2,242,000	27	5,475,700	37	8,761,100
8	532,000	18	2,503,200	28	5,892,800	38	8,969,700
9	616,000	19	2,816,100	29	6,257,900	39	9,126,200
10	728,000	20	3,024,700	30	6,779,400	40	9,386,900
11	840,000	21	3,337,500	31	7,040,200	以下、余白。41年以上は、40年に同じ。	
12	1,008,000	22	3,650,500	32	7,300,600		

1．退職金の支払い目的

　企業が定める規則、規程などの第1条は、その規則制定の目的が定められています。ここでも第1条第1項は、制度運営を円滑に行うために必要な事項を定める目的、第2項は退職金を何のために支払うのかという支払い目的が記載されています。
　この分析用規程例では、
　　「この規則は、従業員の退職金に関する事項を定める。」
　　「(2)　○○株式会社における退職金は、在職中の職務に対する功労に報いることを目的として支給するものである。」
　ただし、退職金規程の中には第1項の「この規則は、従業員の退職金に関する事項を定める。」とだけ記載されていて退職金を何の目的で支払っているのか記載されていないことがあります。第3章「退職金規程の重要項目」

●第6章　退職金制度見直しの行程

1．退職金制度の目的でも説明しましたが、退職金を支払う目的は、制度形態、計算方法等を決定づける最初の重要項目です。記載がない場合は、今までどんな目的で退職金を支払ってきたのか理解できません。

　また、支払の目的を定めているにもかかわらず、全く理解できていない（気にしていない、または自覚していない）こともあります。あらためて退職金規程を見て「あ～ぁ、退職金ってこんな目的で支払うことになっていたのか！？」と再認識したり、「いや、こんな目的で支払っていたのではないのに‥‥？」と違和感を感じたりすることもしばしばです。

　例えば、第1条に「永年勤続した従業員の退職後の生活の安定をはかる目的として支払う。」「退職後の福祉と生活の安定を計ることを目的とする。」、または「永年勤務した会社への貢献度に報いるために支払う。」といった記載がされていても本当にそのような目的を意識して退職金を支払っているのか疑問です。というのは、従来の退職金規程は、大方の場合、その作成に際し経営者がかかわるのは支給水準の決定くらいで、それ以外の項目は一般に販売されているような解説書などのひな型規程を参考にして作成されるケースが多いからです。

　現行の退職金規程を分析するとき、退職金の支払い目的が的確かどうかよく吟味することが大切です。その際、第3章で説明した退職金制度の主な目的である以下の項目を参考にしてください。

（退職金支払いの主な目的）
- 勤続期間の会社への貢献に報いるため（功績報奨的要因）
- 社員の退職後の生活保障の一手段として（福利厚生的要因）
- 職務遂行能力の高い社員を長期安定雇用するため（人材確保・有能社員の足止策）
- 他の会社に退職金制度があるから（消極的要因）

2．退職金規程の適用対象者、適用除外者、および受給要件

　退職金規程の適用範囲と受給要件を確認します。この規程例では第2条（適用範囲）と第3条（適用除外）に明確に定められていますが、この定めがなかったり、あっても表現が曖昧な規程が時々みられます。例えば、「この規程は、従業員に適用する。」とか「この規程は正社員に適用する。」と記載されているだけで、従業員とか正社員がどこまでの範囲を指すのか明確でないことがよくあります。
　まず、従業員や正社員の定義を規程の中で明確にする必要があります。就業規則本則で「従業員の定義」として正社員、見習社員、契約社員、パート社員などの区分・定義付けが合理的に行われているか確認してください。これがないと正社員とは、どの範囲の従業員を指すのか特定できません。これでは退職金支払いのトラブルが発生してもやむを得ません。実際に、退職金規程や賃金規程の適用範囲の定め方が曖昧であった為に、退職したパート従業員から退職金を請求され、裁判で支払を命じられたケースもあります。
　また規程上、適用範囲が明確にされていても、職務内容、勤怠状況、人事面での取扱いなどからみて正社員と何ら変わらないにもかかわらず、会社側の一方的な従業員区分により退職金規程が適用されていないような場合、これは差別的待遇であるとして正社員と同様の退職金の支払いを命じられることもあります。正社員と同じ質と量の仕事をしているにもかかわらず、且つ合理的な理由もなく従業員を区別し、待遇に差をつけることは区別でなく従業員差別に当たるからです。
　適用範囲を確認しながら、次に受給要件を確認します。受給要件は、勤続年数と退職事由により定められています。規程例第3条では「勤続3年未満の者は適用除外」となっていますが、「勤続5年未満の者・・・。」となっているケースや、定年退職、および会社都合退職の場合は「勤続2年未満の者・・・。」、自己都合退職の場合は「勤続3年未満の者・・・。」といった

●第6章　退職金制度見直しの行程

ように退職事由により勤続年数の要件が異なっていることもあります。
　また、稀にあるケースですが「退職金は、定年退職者のみ支給し、定年前に退職した者には支給しない。」と定められている退職金規程もあります。
　また、更に懲戒解雇された従業員は、「就業規則本則第○○条（懲戒解雇）により懲戒解雇された者には退職金は支給しない。」として退職金支払い対象から除外するのが一般的です（懲戒解雇された者については、後述する支給制限の条項で定めるケースもあります）。
　今まで退職金の支払い対象は、どの範囲の従業員なのか。正社員だけなのか、契約社員やパート社員等にも支払われていたのか確認し、従業員定義、適用範囲、受給要件や適用除外規定が明確に定められているか確認してください。

3．「退職一時金等」の計算方法、および制度形態

　従来の退職金制度のほとんどは、確定給付タイプの形態をとっていると思われます。この分析用規程例も確定給付タイプになっています。したがって、第4条（第4条"）で「退職一時金等」の計算方法が定められています。
　「退職一時金等」の計算方法には第3章「退職金規程の重要事項」で説明した給与比例方式、定額方式、等級ポイント制方式、役職ポイント制方式などがありますが、この規程例は、第4条…給与比例方式、第4条"…定額方式となっています。中小企業の退職金規程で最も多く普及している計算方法です。
　なお、旧「適年」退職年金規程の定額方式の場合、第4条"…定額方式のように定年退職と定年前中途退職という退職事由の違いで勤続年数が同じであっても支給水準に2倍の差がつけられていることがほとんどでした。この分析用規程例は、この極端な差を表現するため、旧「適年」退職年金規程を

意識した計算方法および支給水準にしています。

例えば、勤続満30年で定年退職した場合、定年退職金は（*別表―4″の1*）のとおり退職金額は13,558,800円となりますが、同じ勤続満30年であっても満59歳（定年前中途退職）で退職した場合、（*別表―4″の2*）のとおり6,779,400円と半額にしかなりません。この点は、制度見直しをする際に無視できない重要事項になります。

また、第4条の給与比例方式の場合は、定年退職と会社都合退職を（別表―4の1）、自己都合退職を（別表―4の2）として2つの別表を設けていますが、定年退職、会社都合退職、自己都合退職と3通りの別表を設けていることもあります。

また、記載の仕方で、別表は定年退職の支給係数1つだけにして、別途退職事由係数の別表を設けている場合もあります（**※別表**）。例えば、定年退職の支給率を乗じ、会社都合退職や自己都合退職の場合は更に退職事由別支給係数を乗じるようにしたものです。

この場合の計算式は

退職時の基本給額×支給率（定年退職）×退職事由別支給係数＝退職金額

(※別表) **会社都合・自己都合退職係数（例）**

勤続年数	会社都合支給係数	自己都合支給係数
10年未満	0.6	0.4
満10年～15年未満	0.7	0.5
満15年～20年未満	0.8	0.6
満20年～25年未満	0.9	0.7
満25年～30年未満	1.0	0.8
満30年以上	1.0	1.0

4．支給水準の確認

　第4条、第4条"には、退職事由別に（別表—4の1）（別表—4の2）、または（別表—4"の1）（別表—4"の2）を用いて退職金を計算することが定められています。

　第4条…給与比例方式では定年退職、死亡退職、業務災害退職、役員就任退職、整理解雇、会社都合退職は（別表—4の1）、自己都合退職は（別表—4の2）となっています。もちろん、先に述べたように定年退職と会社都合退職を分けて3とおりの支給率を設けている場合もあります。

　一方、第4条"…定額方式は、定年退職か定年前中途退職か2つの退職事由しかありません。ここでは会社都合、自己都合の退職事由は、一切考慮されていません。

　この分析用規程例のような確定給付タイプの場合は、勤続10年、20年、30年、40年で予想される定年退職金の水準を算出してください。第4条"…定額方式の場合は（別表—4"の1）をみれば一目瞭然です。給与比例方式の場合は、従業員ごとの退職時基本給は、未定です。この場合は、現在の定年退職時における平均的な基本給額を求めるか、おおよその昇給率（年2％前後か）により退職時の基本給を算出した上で、その数値に基づいて計算してください。おおよその水準で結構です。

5．支払方法、および支払時期

　第10条（支給の時期及び方法）に支払時期と支払方法が定められています。支払方法は、積立制度（手段）により様々です。企業年金や中退共のよ

うな外部積立機関は、直接退職した従業員に支払われます。一方、養老保険は、契約時に満期保険金、死亡保険金の受取人の設定は自由に出来ますが、第4章で説明した退職金積立として活用されている養老保険の場合、死亡保険金以外は保険会社から一旦会社に支払われ、その後会社から退職した従業員に支払われます。

また、企業年金は年金払い、中退共、特退共は一時金払いが原則となっていますが、受給者（退職した従業員）の申出により、これらのほとんどは一時金と年金等（※中退共の分割払いも含む）での支払いが出来るようになっています。

なお、支払時期については外部積立の場合は、支払い手続き状況や積立機関の都合により異なりますが、おおよそ手続き終了後1ヶ月程度です。会社から支払われる退職金（養老保険や内部留保金等で支払う退職金）は、企業が支払時期を設定できますが、企業によって退職日から1ヶ月から6ヶ月とかなりの差があるようです。

これは、退職事由が懲戒事由や競業避止義務違反等に該当する可能性がある場合、退職金の全額または一部不支給といった調整を行わなければなりませんが、これらの事実確認について時間が必要となるためです。一旦支払ってしまえば、返金させることが難しいため支払時期に予め余裕を持たせているようです。したがって、分析用規程例では6ヶ月以内と少々長めになっています。

※　中退共も退職年齢が満60歳以上で、且つ一定の要件を満たせば5年間、または10年間の分割払いが可能です。

6．支払い対象となる勤続年数

第5条（勤続年数）で退職金の支払い対象となる勤続年数が定められてい

ますが、試用期間を含めて入社日から退職日までを勤続期間とし、その期間から休職期間、産前産後休暇期間、育児休業期間、介護休業期間、その他自己都合の欠勤の期間を除いた期間が支払い対象となる勤続年数となります。

これらは全て従業員本人都合の理由による不就業期間であり、当然ですが業務災害による休業期間や会社都合の休業期間、年次有給休暇日数などは、全て勤続年数に含めるのが一般的です。

なお、実務的に数十年前の休職期間等を確実に記録・保存し、確実に勤続年数を管理している中小企業がどの程度存在するかは疑問の残るところです。

7. 退職金の調整

この分析用規程例では退職金積立を中退共で行っています。第4条、または第4条"により計算された退職金額と、従業員ごとの積立金額が同額になることは、まずあり得ません。何れかが多かったり少なかったりします。

計算された退職金額が中退共の積立金より多い場合、その差額は企業より別途支払わなければなりません。企業にとっては負担ですが、確定給付タイプである限りやむを得ません。

しかしながら、その逆の場合、つまり中退共の積立金が計算された退職金額よりも多い場合、中退共から支払われる額を減らすというわけにはいきません。したがって、第4条または第4条"に基づいて計算された退職金より多くの金額が中退共より直接支払われることになります。

これは第4章「退職金積立制度」2．中小企業退職金共済制度（通称、中退共）で説明したとおり、一旦中退共に支払った掛金は、従業員に支払ったとみなされるからです（8．の支給制限の場合は除く）。

第8条（退職金の調整）は、元々中退共が掛金建て（確定拠出タイプに適応した積立制度）であるが故の現象であり、確定給付タイプの退職金制度に

中退共を採用する際は、この点を充分考慮する必要があります。

8．退職金の支給制限

　退職金規程の適用を受け勤続年数などの受給要件は満たしていても、退職金が支払われないケースが第9条（退職金の不支給）に定められています。
　内容としては、①懲戒解雇された者には退職金は全額不支給とする、②退職後、競業避止義務違反が明らかな場合は退職金は50％減額して支払う、といったものです。
　このような規定を設けてさえいれば、絶対に退職金を不支給にしたり減額したりすることが出来るとは限りませんが、この定めがなければ、如何に業務上横領により懲戒解雇し、更に労働基準監督署の解雇予告除外認定が承認（滅多に承認されることはありませんが…）されたような事案であっても退職金は支払わなければなりません。したがって、支給制限の定めは、前提条件として絶対に必要な項目です。

9．退職金積立制度（手段）の確認

　この分析用規程例では、第7条（中小企業退職金共済契約）において、退職金の積立手段として中退共に加入する旨が定められています。この場合、7．で説明したとおり、中退共で積立をするが故に第8条の調整規程が必要になっています。確定給付タイプの退職金規程に掛金建ての積立制度を採用しているためです。
　なお、たまに確定給付タイプの退職金規程に中退共の掛金月額を「掛金月額は10,000円とする。」などと定めているものがありますが、確定給付タイ

プの退職金規程には掛金の定めは必要ありません。というより全く余計なことです。

例えば、運用環境が良好で中退共での積立金が第4条や第4条″で計算された退職金額を超過するような事態が起こったとき、このような定めをしていると掛金月額の減額が勝手にできなくなってしまいます。退職金制度形態によって確定給付タイプ＝「退職一時金等」の計算方法、確定拠出タイプ＝「掛金等」いずれかの計算方法を定めるだけです。

この分析用規程例では積立制度は中退共だけになっていますが、中退共と併用して養老保険でも積立していることがあります。この場合、中退共だけでは退職金原資が常に不足した状態になるように掛金月額を少なめに設定します。この際の目安は、自己都合退職金、または定年前中途退職金の支給水準です。そして、実際の退職時に不足した金額分は養老保険の解約返戻金や満期金保険金の一部を充当します。

ただし、従業員が死亡したときは死亡保険金が支払われます。第4章「退職金積立制度」で説明した養老保険契約の場合、死亡保険金は従業員の遺族に直接支払われます。この場合、死亡保険金と退職金の取扱い方が問題です。つまり、遺族が、死亡保険金は会社の福利厚生制度に基づいて支払われたのであって、これとは別に退職金が支払われるものと思ってしまう可能性があるからです。

したがって、このように養老保険を退職金積立手段の一つとして活用する場合、死亡保険金と退職金との調整についても明確に退職金規程の中に定めておかなければなりません。勿論、退職金積立を生命保険だけで行う場合も同じです。

第3行程

「既得権」と期待権の把握、退職事由別仮退職金一覧表の作成

退職金制度見直し時における「既得権」と期待権について把握しておかなければなりません。その上で退職金支払い原資の積立状況と退職事由別の仮

退職金額を計算して一覧表にしていきます。これが第3行程です。

1.「既得権」と期待権

(1)「既得権」

　退職金規程を見直すとき、「既得権」の取扱いがよく問題になります。「既得権」とは、制度見直し時に従業員が退職したとみなして計算された退職金額をいいますが、退職金を受取る権利は、退職時に退職金支給要件を満たしたとき初めて発生するものであり、月例賃金等とは異なり在職中に確定するものではありません。

　したがって退職金制度見直し時などによく使用される「退職金の既得権」という表現は本来なら不適切なものといえ、あくまで退職したとみなした場合に発生するであろう権利ですから、みなし既得権というのが正確な表現です。その意味で、この本文中では既得権に全て「　」をつけ、「既得権」としています。「既得権」＝みなし既得権とお読みください。

　ただし、現時点で確定した権利ではないといっても退職金規程により企業が退職時に支払いを約束している退職金は、懲戒解雇などの不支給要件に該当しない限り企業には支払い義務が発生します。

(図—16)

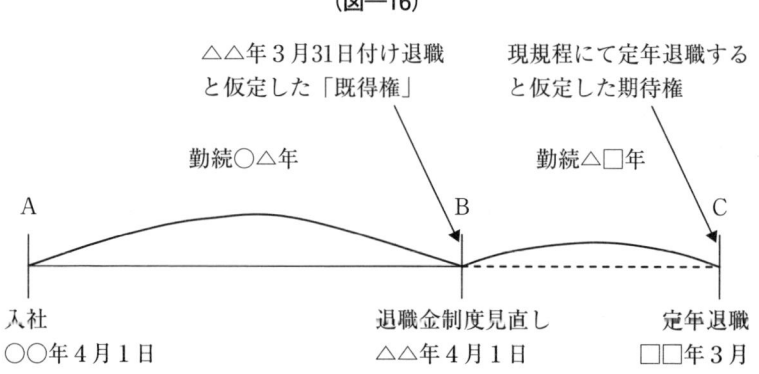

したがって制度見直しの際には、この「既得権」を保証した上で新しい制度に移行するのが大原則です。これは、労使双方が納得性をもって制度見直しを進める上でも重要なことです。特に不利益変更となる場合は、尚更です。

なお、「既得権」の額を把握するには、まず退職金規程の支給要件、計算方法等にしたがって制度見直し時における仮の退職金額を計算する必要があります。

(2) 「既得権」と退職事由別仮退職金

制度見直し時の「既得権」を具体的にどう捉えればいいのでしょうか。例えば、(図―16)で見れば「既得権」は、入社したA時点から制度見直し時であるB時点までの期間に発生した退職金になります。つまり、新しい退職金規程の施行日を△△年4月1日とすると、従業員が前日の3月31日付けで退職したと仮定して計算した退職金額です。

まず、このB時点での仮の退職金額を「既得権」として計算し把握しておかなければなりません。分析用規程例第4条…給与比例方式と*第4条"*…定額方式、それぞれの退職事由別仮退職金額を一覧表にしていきます。第4条…給与比例方式の場合は、仮自己都合退職金と仮定年・会社都合退職金という2つの退職事由別「既得権」が存在することになります。また、*第4条"*…定額方式の場合も同じく仮定年前中途退職金と仮定年退職金という2つの退職事由別「既得権」が存在することになります。

(3) **期待権**

退職金制度見直しの過程で期待権といわれるものがあります。これは現在の退職金制度を将来に渡って維持運営されれば、定年退職時(図―16のC時点)に受け取ることが期待できる退職金額を指します。この数値はあくまで退職金制度を分析する中で、特に現行の支給水準を把握するために必要な数値です。

この水準が現行のまま維持できるのであれば、計算方法の見直しはしても支給水準を見直す必要はありません。しかしながら、維持できない場合は、

期待権を保障することは出来ません。ただし、この場合でも定年間近の従業員に対しては、制度見直し時の経過的措置として保障せざるを得ない場合もありますので、この金額も必ず把握しておいてください。

なお、期待権の数値はあくまで制度見直しの行程の中で企業側が把握するためのものであって、従業員に対してオープンにするものではありません。かえって、このような数値をオープンにすれば期待権を「既得権」と思いこむ従業員がいて、そのために制度見直しが思うように進まないこともあります。したがって、期待権は慎重に取り扱ってください。

2．退職金積立状況の確認

退職事由別仮退職金一覧表の作成を行う前に制度見直し時における退職金原資の積立状況を確認する必要があります。主な積立制度（手段）の確認方法をみてみましょう。

中退共で積立をしている場合、毎年5月頃に中退共本部から「掛金納付状況票及び退職金試算票」という書類が会社宛に送付されてきます。この中には、従業員ごとの現在の掛金月額や今後1年間の各月ごと、および従業員ごとの積立額（退職金試算額）が記載されています。

この数値は、各月に退職した場合に中退共から直接従業員に支払われる金額で、最新のデータにより試算されていますから、年度の途中で大幅な掛け金月額の変更等をしない限り確定値と考えて差し支えありません。したがって、「掛金納付状況票及び退職金試算票」をみれば中退共における退職金積立の現状は、ほぼ正確に掴めます。

確定給付企業年金規約型で積立をしている場合は、契約先の金融機関から年に一度決算報告書が送られてきます。ただし、これには企業全体の積立残高と責任準備金が記載されていますが従業員ごとの積立残高は記載されてい

ません。従業員ごとの積立残高を知るには、金融機関に問い合わせる必要があります。なお、金融機関によっては顧客サービスの一環としてインターネット上で必要事項を入力すれば、その時点の各従業員の積立残高が即時わかるようになっているところもあり、これを利用すれば大変便利です。

　また、養老保険の場合、積立状況（その時点での従業員ごとの解約返戻金額）を把握するには生命保険会社に問い合わせて従業員ごとの解約返戻金額一覧表を送付してもらう必要があります。契約時に保険設計書などで従業員ごとの解約返戻金の推移は示されていたはずですが、当初の契約時以降に新たに契約した従業員がいたり、養老保険の種類によっては配当金が付加されている可能性があります。改めて直近の解約返戻金額一覧を取り寄せて確認してください。

　特退共で積立をしている場合、これも年に一度従業員ごとの積立金額の一覧が書面にて送付されてきます。直近のデータを参考にしてください。

3．退職事由別仮退職金の把握と一覧表作成

　積立額の確認が出来たら、次に退職事由別仮退職金を計算します。積立金の現状および退職事由別仮退職金の把握は、「既得権」の取扱いを考える上で必要なものです。したがって、これら数値の一覧表は、制度見直しの行程の中で大変重要な役割を持つものになります。

　ここでは、制度見直し時における各退職事由別仮退職金を分析用規程例第4条…給与比例方式、第4条″…定額方式に基づいて計算し、それらを一覧表にします。

【分析用規程例　第4条…給与比例方式】

　第4条…給与比例方式にしたがって、制度見直し時における退職事由別仮退職金および予想定年退職金を（**表—21**）のように定義し、これに基づい

(表—21) 第4条（退職金額）…給与比例方式に基づく退職事由別仮退職金の定義

名　　称	定　　　　義	適用される別表
仮自己都合退職金「既得権」	制度見直し時に自己都合により退職したとみなして計算された退職金額	（別表—4の2）
仮定年・会社都合退職金「既得権」	制度見直し時に定年、死亡、役員就任、業務災害、整理解雇、その他会社都合の事由により退職したとみなして計算された退職金額	（別表—4の1）
予想定年退職金期待権	現行の退職金規程を維持すれば、将来の定年退職時に受け取れる予想退職金相当額	（別表—4の1）

(表—22)《一覧表A》

第4条…給与比例方式に基づく仮自己都合、仮定年・会社都合退職金一覧表

(制度見直し時) 現在

氏名	生年月日	年齢	入社年月日	勤続年数	見直し時基本給額	支給率	仮自己都合退職	支給率	仮定年・会社都合退職
A	S 31.9.25	59歳	S 53.7.1	36年	378,000	34.48	13,033,400	39.24	14,832,700
B	S 35.3.3	56歳	S 54.9.1	35年	34,7000	33.38	11,582,900	38.15	13,238,100
C	S 35.3.29	56歳	S 58.10.16	31年	355,000	28.38	10,074,900	33.79	11,995,500
D	S 37.7.7	55歳	S 60.3.1	30年	367,000	27.14	9,960,400	32.70	12,000,900
E	S 38.2.25	55歳	S 62.5.16	27年	320,500	24.13	7,766,700	29.43	9,432,300
F	S 38.5.26	53歳	H 2.9.16	25年	305,000	22.07	6,731,400	27.26	8,314,300
G	S 39.2.11	53歳	H 5.5.16	22年	327,000	18.93	6,190,100	23.98	7,841,500
H	S 42.5.21	48歳	H 13.9.1	14年	245,000	10.93	2,677,900	15.26	3,738,700
I	S 43.3.3	48歳	H 4.10.1	23年	317,000	20.06	6,359,000	25.07	7,947,200
J	S 48.3.27	43歳	H 15.5.1	12年	289,000	9.16	2,647,200	13.08	3,780,100
K	S 50.6.21	40歳	H 10.4.1	18年	275,000	14.52	3,993,000	19.62	5,395,500
L	S 51.1.21	40歳	H 13.6.16	14年	272,000	10.93	2,973,000	15.26	4,150,700
M	S 52.9.17	38歳	H 15.9.1	12年	256,000	9.16	2,345,000	13.08	3,348,500
N	S 55.11.14	35歳	H 14.10.16	13年	240,000	10.06	2,414,400	14.17	3,400,800
O	S 55.12.23	35歳	H 14.4.1	14年	245,000	10.93	2,677,900	15.26	3,738,700
P	S 59.12.26	31歳	H 18.4.1	10年	230,000	7.32	1,683,600	10.90	2,507,000
Q	S 60.1.31	31歳	H 18.4.1	10年	230,000	7.32	1,683,600	10.90	2,507,000
R	H 2.3.3	26歳	H 22.11.1	5年	200,000	2.73	546,000	5.46	1,092,000
S	H 5.6.21	22歳	H 24.5.1	3年	185,000	1.14	210,900	2.27	412,000
T	H 6.5.26	21歳	H 25.9.1	2年	180,000	—	0	—	0

●第6章 退職金制度見直しの行程

(表―23)《一覧表B》

第4条…給与比例方式に基づく予想定年退職金一覧表

(各従業員定年退職時)現在

氏名	生年月日	年齢	入社年月日	定年時勤続年数	見直し時基本給額	定年時予想基本給額（年2％UP）	定年時支給率	現行制度予想定年退職金（期待権）
A	S 31.9.25	59歳	S 53.7.1	38年	378,000	385,560	41.42	15,969,900
B	S 35.3.3	56歳	S 54.9.1	40年	34,7000	368,200	40.33	14,841,400
C	S 35.3.29	56歳	S 58.10.16	36年	355,000	375,600	39.24	14,738,500
D	S 37.7.7	55歳	S 60.3.1	37年	367,000	397,300	40.33	16,023,100
E	S 38.2.25	55歳	S 62.5.16	35年	320,500	346,900	38.15	13,234,200
F	S 38.5.26	53歳	H 2.9.16	32年	305,000	350,349	34.88	12,220,200
G	S 39.2.11	53歳	H 5.5.16	30年	327,000	368,255	32.70	12,041,900
H	S 42.5.21	48歳	H 13.9.1	25年	245,000	310,719	27.25	8,467,100
I	S 43.3.3	48歳	H 4.10.1	35年	317,000	394,150	38.15	15,036,700
J	S 48.3.27	43歳	H 15.5.1	29年	289,000	396,735	31.61	12,540,800
K	S 50.6.21	40歳	H 10.4.1	37年	275,000	408,636	40.33	16,480,300
L	S 51.1.21	40歳	H 13.6.16	34年	272,000	396,253	37.06	14,485,100
M	S 52.9.17	38歳	H 15.9.1	34年	256,000	388,011	37.06	14,379,700
N	S 55.11.14	35歳	H 14.10.16	38年	240,000	386,025	41.42	15,989,200
O	S 55.12.23	35歳	H 14.4.1	37年	245,000	401,948	40.33	16,210,600
P	S 59.12.26	31歳	H 18.4.1	37年	230,000	408,444	40.33	16,472,300
Q	S 60.1.31	31歳	H 18.4.1	38年	230,000	416,613	41.42	17,256,100
R	H 2.3.3	26歳	H 22.11.1	39年	200,000	384,456	42.51	16,343,200
S	H 5.6.21	22歳	H 24.5.1	41年	185,000	384,927	43.60	16,782,800
T	H 6.5.26	21歳	H 25.9.1	40年	180,000	374,529	43.60	16,329,500

て仮の各退職金額を求めます。

　制度見直し時の基本給に(別表―4の2)、(別表―4の1)に定められた勤続年数別支給率を乗じて「仮自己都合退職金」「仮定年・会社都合退職金」(2つの「既得権」)を計算します。これらの数値と各従業員の生年月日、年齢、入社年月日、制度見直し時の勤続年数、基本給額と一緒に**(表―22)《一覧表A》**のように表します。

　そして、同じように制度見直し時の基本給から将来定年時の基本給額を予想し、その額と(別表―4の1)に定められた定年までの勤続年数別支給率

を乗じ「予想定年退職金」（期待権）を計算し、別途（**表—23**）《一覧表Ｂ》のように一覧表にします。

　なお、「予想定年退職金」を求めるには定年時の基本給額が必要になりますが、この時点でこれを知ることは不可能です。ここでは、基本給が毎年２％程度昇給すると仮定して算出した額を定年時の予想基本給とします。この額が現実離れしているような数値であれば、現在在職中の55歳から60歳の従業員の平均的な基本給額を参考に算出し直してください。

　後で詳しく述べますが、「仮自己都合退職金」「仮定年・会社都合退職金」は、制度見直し時における退職給付債務を把握すると同時に制度見直し時の「既得権」として重要な数値になります。また、「予想定年退職金」は、現行制度の期待権ですが、先に述べたとおり期待権は、あくまで制度見直し時における参考数値としてオープンにせず慎重に取り扱ってください。

【分析用規程例　*第４条"*…定額方式】

　第４条"…定額方式にしたがって、制度見直し時における退職事由別仮退職金および予想定年退職金を（**表—24**）のように定義します。これに基づいて仮の各退職金額を求めます。

　第４条"…定額方式では定年前の中途退職事由に、会社都合と自己都合の区別がされていません。したがって、制度見直し時における定年前仮中途退職金と仮定年退職金を算出します。これらの数値と各従業員の生年月日、年

（表—24）*第４条"*（退職金額）…定額方式に基づく退職事由別仮退職金の定義

名　　称	内　　容	適用される別表
仮中途退職金 「既得権」	制度見直し時に定年前中途退職したとみなして計算された退職金額	（*別表—4"の2*）
仮定年退職金 「既得権」	制度見直し時に定年退職したとみなして計算された退職金額	（*別表—4"の1*）
現行制度定年退職金 期待権	現行の退職年金規程を維持すれば、将来の退職時に受け取れることが想定される退職金額	（*別表—4"の1*）

●第6章 退職金制度見直しの行程

(表—25)《一覧表C》

第4条"…定額方式に基づく仮定年前中途退職金、仮定年退職金一覧表

（制度見直し時）現在

氏名	生年月日	年齢	入社年月日	勤続年数	仮定年前中途退職金	仮定年退職金
A	S 31.9.25	59歳	S 53.7.1	37年	8,761,100	17,522,200
B	S 35.3.3	56歳	S 54.9.1	35年	8,240,000	16,480,000
C	S 35.3.29	56歳	S 58.10.16	31年	7,040,200	14,080,400
D	S 37.7.7	55歳	S 60.3.1	30年	6,779,400	13,558,800
E	S 38.2.25	55歳	S 62.5.16	27年	5,475,700	10,951,400
C	S 38.5.26	53歳	H 2.9.16	25年	4,745,600	9,491,200
D	S 39.2.11	53歳	H 5.5.16	22年	3,650,500	7,301,000
E	S 42.5.21	48歳	H 13.9.1	14年	1,400,000	2,800,000
F	S 43.3.3	48歳	H 4.10.1	23年	4,015,500	8,031,000
G	S 48.3.27	43歳	H 15.5.1	12年	1,008,000	2,016,000
H	S 50.6.21	40歳	H 10.4.1	18年	2,503,200	5,006,400
I	S 51.1.21	40歳	H 13.6.16	14年	1,400,000	2,800,000
J	S 52.9.17	38歳	H 15.9.1	12年	1,008,000	2,016,000
K	S 55.11.14	35歳	H 14.10.16	13年	1,232,000	2,464,000
L	S 55.12.23	35歳	H 14.4.1	14年	1,400,000	2,800,000
M	S 59.12.26	31歳	H 18.4.1	10年	728,000	1,456,000
N	S 60.1.31	31歳	H 18.4.1	10年	728,000	1,456,000
O	H 2.3.3	26歳	H 22.11.1	5年	252,000	504,000
P	H 5.6.21	22歳	H 24.5.1	3年	156,800	313,600
Q	H 6.5.26	21歳	H 25.9.1	2年	0	0

齢、入社年月日、制度見直し時の勤続年数と一緒に（**表—25**）《**一覧表C**》のように表します。

　そして定年まで勤務すると仮定した場合の勤続年数に基づいて現行制度で

(表—26)《一覧表D》

第4条"…定額方式に基づく定年退職金一覧表　　　（各従業員定年退職時）現在

氏名	生年月日	年齢	入社年月日	定年時勤続年数	現行制度定年退職金（期待権）
A	S 31.9.25	59歳	S 53.7.1	38年	17,939,400
B	S 35.3.3	56歳	S 54.9.1	37年	17,522,200
C	S 35.3.29	56歳	S 58.10.16	36年	17,105,000
D	S 37.7.7	55歳	S 60.3.1	37年	17,522,200
E	S 38.2.25	55歳	S 62.5.16	35年	16,480,000
F	S 38.5.26	53歳	H 2.9.16	32年	14,601,200
G	S 39.2.11	53歳	H 5.5.16	30年	13,558,800
H	S 42.5.21	48歳	H 13.9.1	25年	9,491,200
I	S 43.3.3	48歳	H 4.10.1	35年	16,480,000
J	S 48.3.27	43歳	H 15.5.1	29年	12,515,800
K	S 50.6.21	40歳	H 10.4.1	37年	17,522,200
L	S 51.1.21	40歳	H 13.6.16	34年	15,957,800
M	S 52.9.17	38歳	H 15.9.1	34年	15,957,800
N	S 55.11.14	35歳	H 14.10.16	38年	17,939,400
O	S 55.12.23	35歳	H 14.4.1	37年	17,522,200
P	S 59.12.26	31歳	H 18.4.1	37年	17,522,200
Q	S 60.1.31	31歳	H 18.4.1	38年	17,939,400
R	H 2.3.3	26歳	H 22.11.1	39年	18,252,400
S	H 5.6.21	22歳	H 24.5.1	41年	18,773,800
T	H 6.5.26	21歳	H 25.9.1	40年	18,773,800

の定年退職金を算出します。*第4条"*…定額方式の場合、退職金の計算の基準は勤続年数だけですから、この数値は予想ではなく実際の数値になります。

　第2行程で説明しましたが、旧「適年」退職年金規程においては定額方式の場合、勤続年数が同じでも中途退職か定年退職かによって退職金額に2倍

の差を付けていることがほとんどでした。この一覧表をみればわかると思いますが、定額方式の場合、会社への貢献度や仕事の成果、また職務遂行能力といった要素は全く無視した計算方法になっています。その上、定年か定年前かによって2倍の差が生じるとなると、この計算方法だけをとってみても制度見直しは必要不可欠といわざるを得ないでしょう。

なお、(表―26)《一覧表D》において現行制度で定年を迎えた場合の定年退職金額を表示しています。定額方式の場合、定年時における勤続年数は想定出来ます(休職等があり勤続年数が短くなることはありますが)から、給与比例方式より正確な数値が表示できます。ただし、これも給与比例方式同様、あくまで期待権としての参考数値ですから決してオープンにはしないでください。

第4行程

制度見直し時における「既得権」の保証の仕方

1．退職事由別仮退職金と積立金および不足額一覧表

第3行程で制度見直し時における各従業員の退職金積立額と退職事由別の仮退職金額がわかれば、これらの数値を(表―27)《一覧表E》、(表―28)《一覧表F》のように一覧表にします。退職金積立額については、分析用規程例のように中退共だけで準備している場合は中退共積立額を記入しますが、中退共と生命保険といった具合に複数手段で準備している場合は、これらの合計額を記入します。中退共以外の積立制度を採用している場合は、その積立額を記入します。この一覧表を作成することにより、特に現行退職金制度の現在の財務状況が明確になります。

ここでは第3行程での各一覧表と同じ従業員の構成で分析用規程例第4条…給与比例方式と第4条″…定額方式の不足金一覧表を作成しています。な

(表—27)《一覧表E》
退職事由別仮退職金・積立金一覧表：第4条…給与比例方式

(制度見直し時) 現在

氏名	年齢	① 中退共等 積立金	② 仮自己都 合退職金	③ 不足額 ②－①	④ 仮定年・ 会社都合 退職金	⑤ 不足額 ④－①
A	59歳	6,732,600	13,033,400	6,300,800	14,832,700	8,100,100
B	56歳	6,376,900	11,582,900	5,206,000	13,238,100	6,861,200
C	56歳	5,276,400	10,074,900	4,798,500	11,995,500	6,719,100
D	55歳	4,983,100	9,960,400	4,977,300	12,000,900	7,017,800
E	55歳	4,332,900	7,766,700	3,433,800	9,432,300	5,099,400
F	53歳	3,854,700	6,731,400	2,876,700	8,314,300	4,459,600
G	53歳	3,014,400	6,190,100	3,175,700	7,841,500	4,827,100
H	48歳	1,974,200	2,677,900	703,700	3,738,700	1,764,500
I	48歳	3,331,400	6,359,000	3,027,600	7,947,200	4,615,800
J	43歳	1,435,500	2,647,200	1,211,700	3,780,100	2,344,600
K	40歳	2,577,400	3,993,000	1,415,600	5,395,500	2,818,100
L	40歳	1,833,400	2,973,000	1,139,600	4,150,700	2,317,300
M	38歳	1,554,900	2,345,000	790,100	3,348,500	1,793,600
N	35歳	1,675,800	2,414,400	738,600	3,400,800	1,725,000
O	35歳	1,801,400	2,677,900	876,500	3,738,700	1,937,300
P	31歳	1,004,000	1,683,600	679,600	2,507,000	1,503,000
Q	31歳	1,004,000	1,683,000	679,000	2,507,000	1,503,000
R	26歳	360,000	546,000	186,000	1,092,000	732,000
S	22歳	36,000	210,900	174,900	412,000	376,000
T	21歳	0	—	—	—	—

●第6章　退職金制度見直しの行程

(表—28)《一覧表F》

退職事由別仮退職金・積立金一覧表：*第4条"*…定額方式

(制度見直し時)　現在

氏名	年齢	①" 中退共等 積立金	②" 仮定年前 中途 退職金	③" 不足額 ②"-①"	④" 仮定年 退職金	⑤" 不足額 ④"-①"
A	59歳	6,732,600	8,761,100	2,028,500	17,522,200	10,789,600
B	56歳	6,376,900	8,240,000	1,863,100	16,480,000	10,103,100
C	56歳	5,276,400	7,040,200	1,763,800	14,080,400	8,804,000
D	55歳	4,983,100	6,779,400	1,796,300	13,558,800	8,575,700
E	55歳	4,332,900	5,475,700	1,142,800	10,951,400	6,618,500
F	53歳	3,854,700	4,745,600	890,900	9,491,200	5,636,500
G	53歳	3,014,400	3,650,500	636,100	7,301,000	4,286,600
H	48歳	1,974,200	1,400,000	△574,200	2,800,000	825,800
I	48歳	3,331,400	4,015,500	684,100	8,031,000	4,699,600
J	43歳	1,435,500	1,008,000	△427,500	2,016,000	580,500
K	40歳	2,577,400	2,503,200	△74,200	5,006,400	2,429,000
L	40歳	1,833,400	1,400,000	△433,400	2,800,000	966,600
M	38歳	1,554,900	1,008,000	△546,900	2,016,000	461,100
N	35歳	1,675,800	1,232,000	△443,800	2,464,000	788,200
O	35歳	1,801,400	1,400,000	△401,400	2,800,000	998,600
P	31歳	1,004,000	728,000	△276,000	1,456,000	452,000
Q	31歳	1,004,000	728,000	△276,000	1,456,000	452,000
R	26歳	360,000	252,000	△108,000	504,000	144,000
S	22歳	36,000	156,800	120,800	313,600	277,600
T	21歳	0	—	—	—	—

お、退職金積立は分析用規程例にしたがい中退共だけです。
　この一覧表は、入社年月日等ではなく、必ず従業員の生年月日の古い順に記入していってください。これにより従業員が定年を迎える順に表示されていきます。そして決算年度別に不足金合計額が把握できます。なお、この金額は制度見直し時の「既得権」の保証の仕方等に重要な数値になります。

２．制度見直しの方向性

　退職金制度改革における方向性は、大雑把に分ければ以下のように４つが考えられます。
Ａ）現行の確定給付タイプの退職金制度は維持するが、支払目的、計算方法、積立手段等を全面的に見直す。
Ｂ）現在の退職金規程の内容を大枠で引き継いだ新退職金制度とするが、給付水準は引き下げる。なお、積立手段は現状を考慮して再考する。
Ｃ）確定給付タイプから確定拠出タイプに制度形態を変更し、掛金等の計算方法も人事面を考慮し、目的にあった計算方法を導入する。
Ｄ）現在の退職金規程は廃止し、積立手段は解約して退職金を清算する。今後、退職金制度は設けず完全に廃止する。
　どの方向性を選択するかによって、制度見直しの過程に大きな差が生じることになりますが、この時点では大まかな方向性を念頭に入れておいてください。

●第6章　退職金制度見直しの行程

3．「既得権」は2段（3段）構え

(1) 「既得権」の設定と保証の仕方

　（表―27）《一覧表E》は、分析用規程例第4条…給与比例方式により計算された仮自己都合退職金②と仮定年・会社都合退職金④、中退共積立金①、およびそれぞれの差額（不足額）③と⑤を表示しています。将来の退職事由が自己都合退職であれば仮自己都合退職金、定年退職または会社都合退職であれば仮定年・会社都合退職金を旧制度の「既得権」として保証するのが大原則ですが、それぞれの不足額は、制度見直し時、または実際の退職時に企業が通常の積立金以外に負担しなければならない金額です。

　なお、第4条…給与比例方式では定年退職と会社都合退職が同じ支給率となっていますが、これらに別々の支給率が設定してある場合、制度見直し時における仮定年退職、仮会社都合退職、仮自己都合退職それぞれの金額を算出し、この場合もこれらの金額を旧制度の退職事由別「既得権」として保証するのが大原則です。一覧表には、これらの退職事由ごとに仮退職金と不足額を表示します。

　（表―28）《一覧表F》は、*第4条"*…定額方式により計算された仮定年前中途退職金②"、仮定年退職金④"、中退共積立金①"、およびそれぞれの差額（不足金額）③"と⑤"を表示しています。将来、従業員が定年前に退職すれば仮定年前中途退職金、定年退職すれば仮定年退職金を旧制度の「既得権」として保証することになります。給与比例方式と取扱方に違いはありません。

　（表―27）《一覧表E》、（表―28）《一覧表F》とも積立金は分析用規程例にしたがって中退共の個人別積立金を表示していますが、確定給付企業年金簡易型CBの場合は仮想個人勘定残高、養老保険なら個人別解約返戻金額を表示してください。また、複数の積立手段を採用している場合は、それらの合計額を表示してください。この金額が制度見直し時に確保されている退職

金積立原資です。

　(表—27)《一覧表Ｅ》③と⑤、(表—28)《一覧表Ｆ》③"と⑤"の不足額は、制度見直し時において特に留意しなければならない、というより神経を使わなければならない数値です。後ほど説明しますが、制度見直しをする場合、企業は従業員に対し説明責任を負います。そして変更内容が従業員にとって不利益を伴うものであるなら、原則として従業員全員の同意が必要となります。この場合、「既得権」の扱い方で従業員の反応は違ってきます。

　また、従業員からすれば、「退職金の見直しは、会社の都合で行われるのであるから当然、既得権は会社都合とするべきだ。」といった意見が出る可能性もあります。特に制度見直しが不利益変更とみなされる場合は、このような意見が出る頻度は高くなります。

　したがって、第４条…給与比例方式の場合、制度見直しに際して、理屈としては、仮自己都合退職金と仮定年・会社都合退職金の２つの「既得権」(場合によっては３つの「既得権」)を設定するのが一般的ですが、見直し内容において不利益の程度が相当大きいと思われる場合、従業員の同意を得るために「既得権」を仮定年・会社都合退職金に１本化することもやむを得ない場合もあります。これは第４条"…定額方式にもいえることです。

　逆に現在の積立状況や会社の業績等から考えて、⑤や⑤"の不足額は勿論のこと③や③"の不足金ですら保証できない場合もあります。企業としては、百歩譲っても「既得権」＝自己都合退職金を保証するのが関の山といった場合です。このような場合の対応については、「第６行程　退職金規程の不利益変更」の中で説明していきます。

　また、定年間近の従業員（例えば５年以内、長くとも10年以内に定年を迎えるような従業員）がいる場合で、且つ現行制度と見直し後の制度では退職金額に大きな差が生じるような場合、彼らには経過措置として廃止する現行の退職金規程をそのまま適用することも考えるべきです。

　これら以外に制度見直し時の「既得権」について特別な取り扱いを要するのは、退職金制度を廃止する場合です。それこそ会社の都合で廃止をするのですから基本的に「既得権」＝制度廃止時の仮定年・会社都合退職金とする

●第6章　退職金制度見直しの行程

のが最も自然な対応でしょう。しかしながら、第7章「退職金制度と税・社会保険料」でも説明しますが、廃止時に清算された金銭は一時所得または給与所得となってしまいます。したがって、制度廃止をする場合でも「既得権」は廃止時の仮定年・会社都合退職金としても、支払いは退職時まで留保することが最も合理的な対応といえます。

(2)　保証額の設定

　このように制度見直しをする場合、従業員の「既発生の権利」を保証するという観点で、また従業員の納得を得るための手段として「既得権」の取扱いが重要になってきます。ただし、現在の積立状況、及び最近の企業の業績や財務内容の状況によっては、仮自己都合退職金でさえも「既得権」として保証が出来るような状況ではない企業も存在します。「いくら既得権を保証しろといわれても無い袖は振れない。そんなことをすればたちまち会社は傾いてしまう。」という企業も無いとはいえません。

　従業員にとっても退職金を受け取るには企業そのものの存続が前提である以上、絶対に「既得権」を保証しろ、とはいえない場合もあり得ます。しかし、このような場合でも、決して企業側から一方的に制度変更を押し付けることがないように、従業員に対しあらゆる情報（退職金積立状況だけでなく、企業決算など）を開示し、充分な意見交換を図り、企業を取り巻く現状をお互いにしっかりと認識し、理解しあった上で、「既得権」に代わる制度見直し時の別途保証額を何らかの基準で設定していく必要があります。

4．確定給付タイプを維持した場合の不足金の準備

　分析用規程例のような確定給付タイプの制度を維持する場合で支給水準や計算方法を変更する場合、制度見直し時点での「既得権」等の保証額に満た

ない不足額部分は、何らかの方法で準備していかなければなりません。

この場合、通常の退職金積立金を上乗せ積立するか、他の積立手段を併用して積立していきます。例えば、従来通り中退共で積み立てる場合、中退共の月額掛け金を増額するか、中退共だけでなく他に養老保険なども活用するかです。

ただし、従業員が将来定年前に自己都合退職した場合、(**表—27**)《**一覧表E**》の仮自己都合退職、(**表—28**)《**一覧表F**》の仮定年前中途退職の額は、制度見直し時の積立金額とほとんど差がなかったり、逆に積立金が多くなっていることもあります(実際に《一覧表F》の場合は積立金額の方が多くなっている従業員がいます)。

このような場合、中退共掛金増額で対応してしまうと将来の退職事由が自己都合であった場合、退職金を払い過ぎてしまうことがあります。これは特退共等、他の積立制度においても共通することです。

したがって、不足金の準備は、中退共等より企業の裁量で、その都度支払額が調整できる養老保険や内部留保金が適しているといえます。

5. 確定拠出タイプに変更した場合の不足金相当額の補填金準備

分析用規程例のような確定給付タイプを確定拠出タイプに形態変更する場合、考え方としては、旧制度の「既得権」を清算した上で新制度を開始します。

ただし、実務的には3.で説明したように、第4条…給与比例方式の場合は、制度見直し時の仮自己都合退職金と仮定年・会社都合退職金の2つの「既得権」(場合によっては3つの「既得権」)の金額を、また、*第4条″*…定額方式の場合は、仮定年前中途退職金と仮定年退職金を退職事由別に確定させ、新たに確定拠出タイプの制度を導入します。

●第6章　退職金制度見直しの行程

　この時点では「既得権」の清算は留保し、実際の退職時にその退職事由に基づいて清算します。これは、制度見直し時に清算するには多額の資金が必要となること、「既得権」清算金が給与や一時金として扱われ税制上不利になること、今後懲戒解雇で退職金不支給となる可能性があることなども考慮すれば当然のことといえます。

　支払いを留保した「既得権」について見直し時点で相当額の不足金があれば、新制度（確定拠出タイプ）における通常の「掛金等」の他に何らかの方法で不足金を補てんする準備（補填金準備）をしていかなければなりません。では、この不足金は何を目安に準備すればよいでしょうか？

　まず、従業員はいつ退職するか、会社都合か、自己都合か、先のことはわかりません。しかしながら、全員が定年まで在職する可能性がある限り、定年退職を前提にした金額、つまり仮定年・会社都合退職金、または仮定年退職金の「既得権」にしたがって計画的に準備していかなければなりません。

　(表―29)《一覧表G》と**(表―30)《一覧表H》**には、各従業員の定年年度、制度見直し時の仮定年・会社都合退職金（「既得権」）(旧制度清算金)、積立金額、そして不足金（補填金）が表示されています。そして右端の欄は決算年度（このケースでは3月末決算としています）別に必要となる補填金の合計額が表示されています。

　50歳代の従業員は、勤続年数の長い者が多く、基本給も若年層に比し高額になっていますから、当然「既得権」も高額になります。更にこの年齢層では定年を待たずに退職してしまうことは余程の事情がない限りありません。

　一方、若年層は、勤続年数が短いため、退職事由が定年や会社都合であっても「既得権」は少なく、また、逆に定年前に自己都合退職する可能性は大きくなります。

　このことから、定年年齢に近い従業員の定年退職年度、特にこの表の中で特に退職者が集中している年度に対して、旧制度を清算するための補てん金の準備は必要不可欠です。

　毎期の利益からその都度補填していっても何ら問題がない企業であれば問題ありませんが、そのような企業ばかりとは限りません。また、この例でも

(表—29)《一覧表G》

第4条…給与比例方式に基づき「既得権」等を保証するための年度別必要資金一覧表

氏名	生年月日	定年年度	仮定年・会社都合退職金	制度見直し時積立金額	不足金（補填金額）	年度別補填金額合計
A	S 31.9.25	H 28年度	14,832,700	6,732,600	8,100,100	8,100,100
B	S 35.3.3	H 32年度	13,238,100	6,376,900	6,861,200	13,580,300
C	S 35.3.29	H 32年度	11,995,500	5,276,400	6,719,100	
D	S 37.7.7	H 34年度	12,000,900	4,983,100	7,017,800	12,117,200
E	S 38.2.25	H 34年度	9,432,300	4,332,900	5,099,400	
F	S 38.5.26	H 35年度	8,314,300	3,854,700	4,459,600	9,286,700
G	S 39.2.11	H 35年度	7,841,500	3,014,400	4,827,100	
H	S 42.5.21	H 39年度	3,738,700	1,974,200	1,764,500	6,380,300
I	S 43.3.3	H 39年度	7,947,200	3,331,400	4,615,800	
J	S 48.3.27	H 44年度	3,780,100	1,435,500	2,344,600	2,344,600
K	S 50.6.21	H 47年度	5,395,500	2,577,400	2,818,100	5,135,400
L	S 51.1.21	H 47年度	4,150,700	1,833,400	2,317,300	
M	S 52.9.17	H 49年度	3,348,500	1,554,900	1,793,600	1,793,600
N	S 55.11.14	H 52年度	3,400,800	1,675,800	1,725,000	3,662,300
O	S 55.12.23	H 52年度	3,738,700	1,801,400	1,937,300	
P	S 59.12.26	H 56年度	2,507,000	1,004,000	1,503,000	3,006,000
Q	S 60.1.31	H 56年度	2,507,000	1,004,000	1,503,000	
R	H 2.3.3	H 61年度	1,092,000	360,000	732,000	732,000
S	H 5.6.21	H 65年度	412,000	36,000	376,000	376,000
T	H 6.5.26	H 66年度	—	0	—	—

(表—30)《一覧表H》

第4条"…定額方式に基づき「既得権」等を保証するための年度別必要資金一覧表

氏名	生年月日	定年年度	仮定年退職金	制度見直し時積立金額	不足金（補填金額）	年度別補填金額合計
A	S 31.9.25	H28年度	17,522,200	6,732,600	10,789,600	10,789,600
B	S 35.3.3	H32年度	16,480,000	6,376,900	10,103,100	18,907,100
C	S 35.3.29	H32年度	14,080,400	5,276,400	8,804,000	
D	S 37.7.7	H34年度	13,558,800	4,983,100	8,575,700	15,194,200
E	S 38.2.25	H34年度	10,951,400	4,332,900	6,618,500	
F	S 38.5.26	H35年度	9,491,200	3,854,700	5,636,500	9,873,100
G	S 39.2.11	H35年度	7,301,000	3,014,400	4,286,600	
H	S 42.5.21	H39年度	2,800,000	1,974,200	825,800	5,525,400
I	S 43.3.3	H39年度	8,031,000	3,331,400	4,699,600	
J	S 48.3.27	H44年度	2,016,000	1,435,500	580,500	580,500
K	S 50.6.21	H47年度	5,006,400	2,577,400	2,429,000	3,395,600
L	S 51.1.21	H47年度	2,800,000	1,833,400	966,600	
M	S 52.9.17	H49年度	2,016,000	1,554,900	461,100	461,100
N	S 55.11.14	H52年度	2,464,000	1,675,800	788,200	1,786,800
O	S 55.12.23	H52年度	2,800,000	1,801,400	998,600	
P	S 59.12.26	H56年度	1,456,000	1,004,000	452,000	904,000
Q	S 60.1.31	H56年度	1,456,000	1,004,000	452,000	
R	H 2.3.3	H61年度	504,000	360,000	144,000	144,000
S	H 5.6.21	H65年度	313,600	36,000	277,600	277,600
T	H 6.5.26	H66年度	—	0	—	—

(図―17) 実際の退職時における支払額の内訳

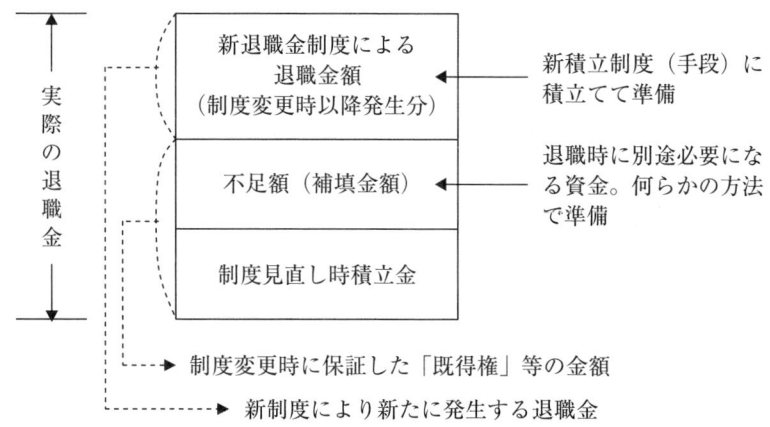

平成28年度、32年度、34年度、35年度は負担が集中していますが、企業によっては定年退職者が同じ年度に集中する場合もあります。

したがって、補てん金が集中することが予想される年度に対して、清算が確実に出来るように何らかの方法でこの補填金を準備していかなければなりません（ただし、平成28年度については制度見直し年度となるため、内部留保金での補てんしかない）。補てん金の準備は、新退職金制度における通常の「掛金等」以外の企業の負担になります (図―17)。

この補てん金の準備は、企業の裁量権がおよぶ積立手段で行うのが合理的です。何故ならば、定年前にやむを得ない事情で退職したり、可能性は低いですが懲戒解雇になることも無いとはいえません。このような場合を想定すれば、補てん金は少なくとも積立機関から直接従業員に支払われるものであってはなりません。

つまり、中退共などの外部積立ではなく、企業の裁量で支払額の調整が出来るものでなければなりません。そう考えると、補てん金の準備手段として保険商品の活用を考えるべきです。

ただし、この場合に利用する保険商品は、養老保険などではなく他の保険商品です。一覧表のとおり、補てん金が大きくなり得るのは、10年以内の直

●第6章　退職金制度見直しの行程

(表─31) 逓増的保険の契約形態

保険商品	逓増定期保険
契約者	企業（法人）
被保険者	社長はじめ役員数名
保険金受取人	企業（法人）
解約返戻金受取人	企業（法人）
経費処理	全額損金算入、または半額損金算入

近の決算年度です。これ以後も補てん金は必要ですが、必ずしもあらかじめ準備しなければならないほどの金額ではありません。

　各一覧表をみれば、平成28年度は内部留保金から補てんするしかありませんが、平成32年度、34年度、35年度は今から準備することは充分可能です。比較的短期間で保険商品に与えられている優遇税制を享受し、且つ効率的に積立準備ができる手段としては逓増定期保険が最適です。

　契約形態は、契約者＝企業、被保険者＝社長などの取締役、保険金受取人＝企業とします（表─31）。従業員を被保険者にする必要はありません。社長の他役員数名を被保険者とし役員保障保険として契約してください。《一覧表G》《一覧表H》のケースなら、保険契約を3つ締結します。そしてそれぞれ、平成32年度、34年度、35年度に解約返戻金がほぼ補てん金額相当となり、且つ返戻率がピークになるように設計します。これにより効率的な補てん金の準備が可能となります。

　なお、このようなケースの場合、経理処理においては保険料は全額損金算入または半額損金算入が一般的です。

第5行程

新しい退職金制度の基本方針と骨格作り

　ここまでの行程で、退職金規程の分析、積立状況を把握、各従業員の「既

得権」、期待権などの数値の確認、「既得権」等の保証の仕方、といった現行制度を見直すための準備作業がほぼ終わったことになります。

　そこで、いよいよ新しい退職金制度の骨格作りに入ります。まず新しい退職金制度の基本方針を確認し、第3章「退職金規程の重要項目」で説明した5つの重要項目を中心に制度内容を検討しながら、新制度全体の骨格を作り上げて行きます。

　なお、本書では説明上、この行程と第6行程、第7行程を別々に説明しますが、新退職金規程の内容を検討しながら従業員への対応策も考えていかなければなりませんから、実務上は第5行程、第6行程、第7行程は同時進行して行きます。

1.「のれん分け」

　従業員に退職金を支払うのは、いったい何の目的によるものでしょうか。よく我が国における退職金制度の起源は、江戸時代に始まった「のれん分け」であるといわれます。その時代は、店の旦那（経営者）が絶対的な力を持ち、奉公人は絶対服従の時代でした。休みといえばせいぜい盆と正月くらい、それ以外は毎日奉公、今のような週40時間労働とか週休2日制はおろか日曜日という概念も無かった時代です。

　そのような状況の中で永年、店のために一所懸命に働き、店に多大なる貢献をした奉公人に、店の名を持たせ独立させてやることを「のれん分け」と呼びました。これは同じ「のれん」を掲げることにより、奉公人の店にも信用が付くと同時に、「のれん」の数が増えることにより店本体の知名度も増し、所謂「大店（おおだな）」としての風格も増していくといった思惑もあったのではないかと思われます。一種の企業グループ化、拡大化でもあったようです。

●第6章　退職金制度見直しの行程

　このように考えると、「のれん分け」は、永年勤務し貢献度が高い従業員への功績報奨という目的の他に、店（企業）にとってはグループの拡大化という目的が潜んでいますし、従業員にとっては自分の夢をかなえる「自己実現」という目的に適った制度といえます。また、この時代、奉公人は非常に安価な賃金で、休みもほとんど無く働くのが普通でした。その点からすると「のれん分け」が退職金の始まりであるとすれば、これは同時に賃金の後払いとみなすこともできなくはありません。つまり、「のれん分け」の目的は決して一つだけではなく、一石二鳥、一石三鳥の効果を期待して設けられたものなのかもしれません。

　飲食業などを中心に、この「のれん分け」が復活しています。なかには既存の退職金制度に「のれん分け」制度を併設し、従業員が入社したときに選択させている企業もあるようです。従業員に「やりがい」を持たせ、「生きがい」を感じさせる新しい「退職金制度」として、興味ある制度といえます。

2．具体的な支払い目的

　今のような退職金制度（金銭で支払う）は、明治時代に熟練社員を確保する為の足止め策として始まったとされます。ここには、明確な退職金の支払い目的がありました。時代が移り変わって行く中で、今迄何の目的で退職金を払ってきたのか、今後はどのような目的をもって払っていくのか、よく考えなければならない時が今、将に訪れているように思います。

　その結果、今までのような金銭での退職金ではなく、「のれん分け」のようなシステムのほうが合理的でよいと思われる企業もあるかもしれませんし、また退職金制度そのものの必要性を否定される企業も出てくるかもしれません。退職金に対する様々な思いを顕在化させ、何故退職金制度が必要なのか、具体的にどんな目的があるのか、充分に検討する必要があります。

一般的によく期待される目的には、以下のようなものがあります。
・有能な従業員の足止め策として
・従業員募集時の労働条件として
・従業員の独立支援制度として
・グループ企業として拡大するため
・従業員の福利厚生のため（退職後の生活保障）
・賃金の後払い（禁止されている強制貯蓄の代用）として
・従業員の永年勤務に対する功績報奨として
・（目的が見当たらない）
　他にもいろいろな目的があると思います。企業の業務内容や歴史、世間一般の「常識」、経営者の考え方、今後の人事管理等を考えていくと、その企業の目的がはっきりしてくるものです。そこで、次の段階に入って行きます。

3．支払い方（支払方法）

　目的がはっきりすれば、次に退職金の支払い方を検討していきます。現物で払うのか、金銭で払うのか。一時金にするのか、年金にするのか、両方の選択制にするのか、また前払いにしてしまうのか、目的に合った退職金の払い方があるはずです。
　先ほど少々触れましたが、「のれん分け」のような退職金制度にするのであれば、単なる金銭の積立だけではなく、独立資金を確保する為の融資制度なども必要となってくる可能性があります。また、従来のような有能な従業員の足止め策としての退職金制度であるなら、一時金か退職年金ということになるでしょう。賃金の後払いと考えるなら、逆に前払いにしてもよいのです。
　また、（目的が見当たらない）のであれば、退職金は払わないという「払

い方」もあります。前払いをするのでもなく、「払わない」のです。これは完全な退職金制度の廃止です。簡単には行きませんが、これも勿論「払い方」の選択肢の一つであることに間違いありません。

4．確定給付タイプ　OR　確定拠出タイプ

　退職金制度見直しの中で、究極の選択が従来どおりの確定給付タイプを維持するのか、確定拠出タイプに変更するのかということです。勿論、一部は確定給付タイプとし、残りの部分を確定拠出タイプにすることも出来ます。
　第3章で説明しましたが、念のためにこの2つの違いをもう一度ここで確認しておきます。
(確定給付タイプ)
- 何らかの基準（勤続年数や退職時基本給、職能ポイントなど）によって、将来支払われる退職一時金や退職年金等など「退職一時金等」の支給額、またはその計算方法が退職金規程の中に定められ確定しています。
- 退職時又は退職時以後でないと退職金債務は清算されません。
- 退職金積立金の運用実績が当初の予定を下回れば積立不足が生じ、企業には通常の退職金積立以外に別途負担が生じます。
- 景気の動向、運用環境などの経済的要因が企業の財務面に大きな影響を与えます。

(確定拠出タイプ)
- 何らかの基準（役職、職能等級、基本給額等）により、毎月（又は毎年）企業が支払う拠出金、掛金、前払い金、保険料など「掛金等」の額、またはその計算方法が退職金規程に定められているだけです。従業員が受け取る「退職一時金等」の額や計算方法は一切定められてい

ません。
- 企業は、毎月（または毎年）「掛金等」を直接従業員、または何某かの金融機関等に対して支払っていけば、同時に退職金債務はその都度清算されます。
- 「掛金等」は、退職金規程に定められた計算方法で決定され、景気の動向、運用環境などの経済的要因に何ら影響を受けるものではありません。
- 従業員が退職後どれだけの金額を受取るかは、本人や何某かの機関の運用結果次第であり、企業には一切関係なく、また「掛金等」以外の負担が企業に生じることはありません。

制度形態として、どちらのタイプを選択するかによって新しい退職金制度の基本的な骨格が決定します。特に確定拠出タイプとした場合、それは企業にとっても、従業員にとってもこれまでの退職金の概念を大きく変える制度となります。

旧「適年」や厚生年金基金など企業年金の積立不足、そして莫大な追加負担という苦い経験からすれば、確定拠出タイプへの制度見直しを望むケースが増えてきています。実際、旧「適年」廃止に伴う制度見直しにおいて、私が指導させていただいた企業の約70％は確定拠出タイプへ制度見直しされました。

「従業員にとっては、従来通り確定給付タイプがよいかもしれないが、今まで退職金のほとんどは運用益で賄えていたという現実は、無視できない。」「企業年金積立不足の責任を何故、会社がみなければならないのか！」といった意見は、至極当たり前のことであると思います。

今まで確定給付タイプか確定拠出タイプかといった概念自体は、日本の退職金制度にはなかったものです。これは退職給付会計における企業年金の定義づけとして用いられているものであり、我が国においては、平成の初めごろから認識され出したものです。したがって、退職金といえば「退職一時金等」の計算方法が確定しているもの、つまり確定給付タイプが当たり前でした。

●第6章 退職金制度見直しの行程

　その為、確定給付タイプの退職金規程に中退共や特退共などの掛金建ての積立制度を採用するという、制度形態と積立手段が矛盾した制度設計が多く行われてきました。
　中退共の発行する「中小企業退職金共済制度のあらまし」というパンフレットには確定拠出タイプ（掛金建て）の退職金規程の雛型が掲載されているにもかかわらず、これの意味がわからず、無視していたのです。なぜなら、今までは確定給付タイプが退職金の「常識」であった上に、中小企業の退職金制度について相談に乗った者、指導した者の能力があまりにも低かったからです。

5．「退職一時金等」または「掛金等」の計算方法

　次に検討するのが「退職一時金等」または「掛金等」の計算の方法です。新しい退職金制度を確定給付タイプとするなら「退職一時金等」の計算方法を検討します。確定拠出タイプとするなら「掛金等」の計算方法を検討していきます。何れにしても、要は何を基準にして決定するかということです。
　当然これは、退職金支払い目的をどう捉えるかによって決まってきますが、昨今の成果や役割に重点を置いた賃金制度の影響もあってか、勤務期間中の職責の重さ、貢献度・成果などを合理的な方法で評価し、それを退職金の計算方法に取り入れたいと望む経営者が増えているようです。
　過去に旧「適年」を採用していた中小企業の多くは、分析用規程例の第4条″…定額方式のような勤続年数のみで退職金額が決まることに対し、かなりの疑問や不満を持っていた（現在も持っている）にもかかわらず、今もなお多くの中小企業がこの計算方法を維持し続けているのが現実です。
　したがって、制度見直しを具体的に検討する場合、「退職一時金等」の計算方法として資格等級ポイント方式、役職ポイント方式、また「掛金等」の

145

計算方法としては資格等級別金額確定方式、役職別金額確定方式などを採用する傾向が強いようです。

　ただ、これらの計算方法を採用するには、従業員の評価方法の合理性が大きな問題となります。資格等級制度、人事考課制度、賃金制度などから体系付けられた人事システムが導入され、しっかりと運用できている企業、またはピラミッド型の組織体系が確立している企業であれば特に問題ありません。しかしながら中小企業の場合、このような人事システムさえも無く、あっても合理的に運用されていない企業や、各役職に対する役割や責任が曖昧で組織が体系づけられていないことが多いのが実情です。

　このような企業は、資格等級や役職を基準にした計算方法（資格等級ポイント方式、役職ポイント方式、資格等級別金額確定方式、役職別金額確定方式）は採用するべきではありません。これは、制度見直し時の無駄な労力、制度運営における更に無駄な労力でしかありません。

　計算方法は、第3章の中の「退職一時金等」「掛金等」の計算方法を参考にしながら支払い目的に合った合理的に運用できるものを選択してください。

　念のために言っておきますが、「退職一時金等」の計算方法も「掛金等」の計算方法も考え方は全く同じです。あくまで「何」を基準にして決めるのか、ということです。

(1) **資格等級と役職を基準にした方法**

　資格等級制度を持つ企業は、第3章の（表―8）の資格等級ポイント方式や（表―13）の資格等級別金額確定方式によって「退職一時金等」、「掛金等」を計算することが出来ます。ただし中小企業の場合は、資格等級制度はあってもなかなかその運用が上手くいかず、結果として能力・実力主義ではなく年功主義になってしまっていることがよくあります。

　例えば、9等級の資格等級制度を設定している場合、勤続期間20年～30年程度の従業員のほとんどが4等級～6等級に集中してしまい、この範囲より上位や下位の等級に格付けされた者がほとんどいない状態です。これは見るからに年功的で温情的な等級制度、人事制度になってしまっています。

●第6章　退職金制度見直しの行程

　このような場合、従業員の会社への貢献度や職責をこの資格等級だけで判断するには無理があります。したがって、多少複雑な計算方法になりますが、資格等級と役職の両方を基準にした資格等級・役職ポイント方式（**表―10**）、資格等級・役職別金額確定方式（**表―15**）をお勧めします。ここでの表の例は、資格等級が9等級あり、役職として部長、次長、課長、係長、主任がピラミッド型の組織体系として存在するケースです。

　「退職一時金等」の場合は1年間在位することにより累積されるポイント、「掛金等」の場合は毎月の金額をそれぞれ設定しています。

　ここで資格等級制度についてこれらの表を見ながら簡単に説明してます。まず高校を卒業して入社したとき1等級に格付けされます。その後、職務を遂行する能力・実力の習熟度・修得度に合わせ、上位の等級に昇格し、それぞれの等級に対応した役職に就くことが出来ます。

　例えば、4等級になれば主任になる資格を得ます。ただし、4等級になったからといって必ずしも主任になれるわけではありません。4等級になっても主任になれない従業員も存在します。これは全ての等級、役職にあてはまることです。7等級になれば課長になる資格を得ますが、7等級になったからといって必ずしも課長になれるわけではありません。7等級の課長も存在すれば、係長も存在することになります。また場合によっては主任も存在します。

　中小企業の場合、資格等級制度がその機能を充分に発揮していれば、資格等級だけを退職金などの計算基準としてもよいでしょうが、能力・実力主義といいながらも年功的な運用になっている傾向があれば、逆に役職を重視した方が能力・実力評価に合致したものとなることがあります。

　ただし、先にも述べましたがピラミッド型の組織体系が存在していなければなりません。課長の役職の付いた者は多くいるが、課長とは名ばかりでほとんどの課長に部下は一人もいない、というような体系では意味がありません。

　「彼も、永年真面目によく働いてくれている。能力的にはもう一つだが、上の等級にあげてやろう。」という温情は、特に中小企業にはよくあること

(表―10) 役職及び資格等級によるポイント表

役職＼等級	9等級	8等級	7等級	6等級
部長	50			―
次長	45	40		
課長	40	37	34	
係長	37	34	31	28
主任	34	31	28	25
役付無し	31	28	25	22
	5等級	4等級	3等級	2等級	1等級
―	―	―	―	―
22	19			
19	16	14	12	10

(表―15) 資格等級と役職別による「掛金等」の金額表

役職＼等級	9等級	8等級	7等級	6等級
部長	26,000			―
次長	24,000	22,000		
課長	22,000	20,000	18,000	
係長	20,000	18,000	16,000	14,000
主任	18,000	16,000	14,000	12,000
役付無し	16,000	14,000	12,000	10,000
	5等級	4等級	3等級	2等級	1等級
―	―	―	―	―
10,000	9,000			
9,000	8,000	7,000	6,000	5,000

●第6章　退職金制度見直しの行程

です。そのことを私は否定しません。しかし「彼は仕事の能力は低いが、永年真面目に働いているので、彼を営業課長にしよう。」という経営者はまずいないはずです。特に部長、課長の職責の重いポストに付けるには、本来ならそれ相応の実績や能力が必要なはずです。

　なお、念のため確認しておきますが、確定給付タイプの退職金制度とする場合は、ポイントを表示した（表—10）、確定拠出タイプとする場合は、金額の表示により毎月の「掛金等」の額を具体的に表示した（表—15）を退職金規程の中に記載することになります。

(2) **役職のみを基準にした方法**

　資格等級制度はない（つまり、体系化した人事システムのない）が、ピラミッド型の組織体系が存在し、各役職の役割、職責もほぼ明確になっているような企業の場合、役職を基準にして「退職一時金等」や「掛金等」を決定すれば、会社への貢献度や職責の重さ等を反映した計算方法になります。

　また、資格等級制度がある企業でも、その運営が合理的に行われていない場合、資格等級は無視して、役職のみを基準にして「退職一時金等」や「掛金等」を決定したほうが経営者の思いにかなったものとなるかもしれません。（表—9）（表—14）は役職による「退職一時金等」と「掛金等」のポイント、掛金額の表です。

(3) **「退職一時金等」「掛金等」に差をつけない方法**

　今まで指導させていただいた中小企業の中には、「月例賃金や賞与と違って、退職金くらいは勤続年数だけを基準にして計算してもよいのではないでしょうか。」といわれた企業も少なくはありませんでした。ただし、このような企業に共通していることは、従来から退職時に「功労加算金」のシステムをうまく運用していることが挙げられます。通常の退職金については、勤続年数のみを基準とし、特に功績のあった従業員にのみ「功労加算金」をその都度「取締役会」により金額を決めて支払っているのです（中小企業の場合、ほとんど社長の一存です）。

(表—9) 役職ポイント表

役　　職	ポイント
部長・次長	50
課長	40
係長	30
主任	20
一般社員A（勤続満5年以上）	15
一般社員B（勤続5年未満）	10

(表—14) 役職別「掛金等」表

役　　職	支払金額
部長・次長・所長	20,000円
課長	16,000円
係長	12,000円
主任	10,000円
社員A（勤続満5年以上）	8,000円
社員B（勤続5年未満）	6,000円

　一般的な退職金規程を拝見しますと、通常の退職金に加えて「功労加算金」などの規定を設けられていることがよくあります。規定していなくても本来の退職金以外に「功労加算金」として、内部留保金などから別途支給している企業もあります。

　ただ、「功労加算金」という名目で支払っているといっても、その支払いが慣行化していれば、それはれっきとした退職金とみなされ、退職給付債務発生となりかねません。そこで念のために、功労加算金が退職給付債務とみなされない為の諸条件をあげてみます。したがって、次の事項にはくれぐれも注意をすることが必要です。

　① 何らかの支給基準が明確になっている支払い方がされていない。支給

額が勤続年数に対応したものになっていない。
② 特定の少数者だけに支払われたものである。多くの退職者に支払われてきた先例はない。
③ 従業員の意識が、功労金の支払いはあるものだという認識にはなっていない。

　これらの条件が満たされなければ、功労加算金といえども実質的には支払い義務のある退職金となってしまい、後々の労使トラブルのもとになりかねません。

　そうならない為には、会社の決算の状況により支給されない場合もあること、かなり貢献度の高かった従業員だけに支払っていること、またその支払われた金額が一定ではない必要があります。

　このような全く不規則的に支払われる功労加算金により、退職する従業員の貢献度や職責に対する部分を補うことが出来るのであれば、確定給付タイプの場合の「退職一時金等」は定額方式に、確定拠出タイプの場合の「掛金等」は全員一律方式にすることも可能です。

(4) 給与比例方式の継続、または給与連動方式

　「退職一時金等」の計算方法として従来から最も多く採用されてきた給与比例方式は、これまでも説明してきたとおり基本給に連動して金額が決定されるため、賃上げ＝退職金額増となり、これにより第1章で説明した「第1次退職金ショック」が発生しました。

　しかしながら、この計算方法は、退職時の基本給額と勤続年数がわかれば、誰にでも簡単に計算できる大変使い勝手の良いものです。まして、基本給が従業員の能力や実力、職責などを合理的に評価し査定されているのであれば、給与比例方式といえども能力・実力主義、職責重視の計算方法となります。

　問題は、勤続年数と共に基本給が上がれば退職金計算の2大要素（退職時の基本給額と勤続年数）が相乗的に増えていき、退職金の青天井といった状態が生じる可能性があることです。

これには、第3章「退職金規程の重要項目」で説明した「退職一時金等」の計算方法給与比例方式修正型を採用することで「青天井」化を防ぐことは可能です。この方式を採用すれば基本給が限度額に到達した場合、勤続年数による支給率の上昇だけが退職金額に影響を与えることになります。
　また確定拠出タイプの制度形態の場合、「掛金等」が青天井化するということはありません。また、基本給の査定に従業員の能力・実力評価、職責等が充分に反映されていれば、いたって合理的な計算方法といえます。
　給与比例方式は、ポイント方式のように毎年ポイントを管理する必要もありません。事務担当者が退職して入れ替わっても何ら影響はありません。事務的には大変管理し易い計算方法です。この管理し易いという点は、定額方式も同じですが、定額方式は勤続年数だけが基準になっており、功労加算金制度を効率よく合理的に運用しない限り、能力・実力評価や職責、貢献度等を考慮する余地は全くありません。これは大きな違いです。

6．支給水準の決定

　確定給付タイプを継続する場合の支給水準は、まず、現在の水準を維持できるかで判断します。出来る限り支給水準の引き下げは避けたいところですが、経営状況や退職金積立状況から判断して、引き下げざるを得ないケースがあります。この場合、どの程度引き下げるのか、よく検討しなければなりません。
　その際、現在の支給水準が世間一般的にどの程度なのかを調べる必要があります。あまりに引き下げ幅が大きくなるようでは、なかなか従業員の同意は得られ難くなりますし、得られたとしても、その後の勤労意欲面で問題が生じる可能性があります。
　なお、支給水準の検討の際は、第5章「退職金制度設計の前提」における

2．年間人件費総額の把握を参考にしてください。退職金原資の積立金も当然、人件費です。

7．モデル「退職一時金等」表、モデル「掛金等」表

　「退職一時金等」または「掛金等」の支給水準が固まってくれば、それに基づき幾つかのパターン別にモデル「退職一時金等」表、またはモデル「掛金等」表を作成してください。これは、また第9行程の従業員説明会で新制度を説明する際に用いる資料になります。

(1) 確定給付タイプのモデル「退職一時金等」表

　モデル「退職一時金等」表は、例えば18歳で高校を卒業し、60歳の定年迄42年間勤務する従業員を設定し、等級や役職に付く年齢、勤務期間などを何通りかのモデルに設定して表したものです。
　途中入社の従業員が多い中小企業の場合、「高校を新規で卒業した18歳の新入社員など我社にはいない。」といった場合もあると思いますが、あくまで一つの標準的なモデルとして作成してください。ここでは、（表―10）の資格等級・役職ポイント方式により「出世の早いコース」と「平凡的なコース」の2つのモデル退職金表を作成しています**（表―32）（表―33）**。
　この2通りのモデルを比べると、同じ18歳高校卒で入社しても、部長になって定年を迎えた者（1250ポイント＝1250万円）と、係長で定年を迎えた者（844ポイント＝844万円）で406ポイントの差が生じています。この差をもっと広げたいと思う場合は、ポイント値の差を更に大きくし、この差をもっと少なくした場合は、ポイント値の差を縮めます。
　また、このモデルでは1ポイントは10,000円としていますが、この金額は賃金や物価の上昇をみながら変更していくことも可能です。但し、増額する

(表—32) 確定給付タイプモデル退職一時金「出世の早いコース」

1ポイント=10,000円

等級	役職	初期年齢	ポイント	在位年数	到達年齢	累計ポイント
1等級	役職無し	18歳	10	2年	20歳	20
2等級	役職無し	20歳	12	2年	22歳	44
3等級	役職無し	22歳	14	4年	26歳	100
4等級	主任	26歳	19	4年	30歳	176
5等級	主任	30歳	22	4年	34歳	264
6等級	係長	34歳	28	6年	40歳	432
7等級	課長	40歳	34	7年	47歳	670
8等級	次長	47歳	40	7年	54歳	950
9等級	部長	54歳	50	6年	60歳	1250

(表—33) 確定給付タイプモデル退職一時金「平凡的なコース」

1ポイント=10,000円

等級	役職	初期年齢	ポイント	在位年数	到達年齢	累計ポイント
1等級	役付無し	18歳	10	2年	20歳	20
2等級	役付無し	20歳	12	2年	22歳	44
3等級	役付無し	22歳	14	6年	28歳	128
4等級	役付無し	28歳	16	5年	33歳	208
4等級	主任	33歳	19	5年	38歳	303
5等級	主任	38歳	22	10年	48歳	523
6等級	主任	48歳	25	5年	53歳	648
6等級	係長	53歳	28	7年	60歳	844

場合は企業サイドで一方的に行えますが、減額するには従業員の同意が必要となるので要注意です。

(2) ポイント方式（確定給付タイプ）の問題点

　資格等級と役職を計算の基準にした確定給付タイプのモデル退職一時金表について説明しましたが、この表を見て、何か気付かれたことはないでしょうか。

　ポイント方式を採用した場合、ポイントの数値は30年前に付加されたものも、今年付加されたものも同じポイントということになります。（表—10）をみて下さい。まだ新人従業員で１等級・役職なしの場合、１年で10ポイントが付加されます。ポイント単価が10,000円であれば、このとき付加されると同時に退職しても100,000円の退職金を受取れる権利が生じます。同じ従業員がその後30年間勤務して退職した場合、30年前に付加された10ポイントはやはり100,000円であり、30年後も同じ金額でしかありません。30年前に権利を獲得した退職金は30年勤続したにもかかわらず一切増えてはいないことになります。

　それなら、ポイント単価を増やせばよいであろうと考えがちですが、これも同じことです。仮にポイント単価を12,000円に改訂したとします。30年前に付加された10ポイントは、120,000円になります。しかしながら30年後の今、入社した新人従業員もこの１年に10ポイントを付加され、やはり120,000円の退職金を得ることになります。

　つまり、30年前に付加された10ポイントの価値も30年後に付加された10ポイントの価値も全く同じであり、同じ金額にしかならないということです。これは物価上昇があれば、その分だけ退職金の価値が減少するということです

　実はポイント方式は、基本給に連動せず、従業員の実力・能力、職責の重さ、貢献度などを反映出来る合理的な計算方法ですが、時間の経過による価値の変動には適応出来ない制度です。また資格等級ポイントなどに加えて勤続年数に応じた勤続ポイントを付加する場合もありますが、これにしても30年前に付加された勤続ポイントは30年後の今、同じポイント＝同じ退職金額でしかないわけです。

つまり、30年前の「働き」に対して付加されたポイントに「金利」は付かないのです。これは確定給付タイプにおけるポイント方式の弱点です。

(3) 確定拠出タイプのモデル「掛金等」表

　確定拠出タイプの「掛金等」の設定をする場合、本来なら今後の運用状況について何ら考慮する必要はありません。今後の運用環境がどのようになろうと企業には関係ありません。

　しかしながら、新しい退職金制度を従業員に説明する際、「掛金等」の水準の妥当性を検証する手段としてモデル「掛金等」表を作成し、いく通りかの運用利回りを想定して示してみた方がわかりやすくなります。

　では、確定拠出タイプの場合、毎月の「掛金等」の水準はどのように決定すればよいのでしょうか。一つの目安としては、現行の制度における退職金支給水準を参考にします。例えば、分析用規程例における退職金水準は、第４条…給与比例方式、第４条″…定額方式両方とも勤続40年で1,500万円前後の金額になっていますが、これは５％程度の運用が可能であることを前提に設定された金額です。

　では、実際に企業はどれだけの負担をしてきたのかというと、これは第１章５．運用益（利息）で支払っていた退職金の説明を再度読み返していただければすぐにわかることです。この水準であれば、おおよそ月額10,000円といったところでしょうか。この月額が過去（昭和時代）に企業が負担していたおおよその金額です。

　勿論、単純にこの月額を「掛金等」の水準とするか否かは、企業の諸事情により異なります。「掛金等」の水準をもっと高く設定出来る企業もあれば、これより更に低くせざるを得ない企業もあるでしょう。あくまで参考値として取り扱ってください。

　(表―34) と **(表―35)** は、(表―15) の資格等級・役職別金額確定方式により、作成したモデル「掛金等」表です。これも「出世の早いコース」と「平凡的なコース」の２通りで表しています。ただし、これらはあくまで、企業が従業員に対して毎月（または毎年）支払う「掛金等」の累計でしかあ

● 第6章　退職金制度見直しの行程

（表—34）確定拠出タイプモデル「掛金等」「出世の早いコース」

等級	役職	初期年齢	「掛金等」	在位年数	到達年齢	「掛金等」累計
1等級	役付無し	18歳	5,000	2年	20歳	120,000
2等級	役付無し	20歳	6,000	2年	22歳	264,000
3等級	役付無し	22歳	7,000	4年	26歳	600,000
4等級	主任	26歳	9,000	4年	30歳	1,032,000
5等級	主任	30歳	10,000	4年	34歳	1,512,000
6等級	係長	34歳	12,000	6年	40歳	2,376,000
7等級	課長	40歳	18,000	7年	47歳	3,888,000
8等級	次長	47歳	22,000	7年	54歳	5,736,000
9等級	部長	54歳	26,000	6年	60歳	7,608,000
定年時の受取予想額			42年間の運用利周り		0.0%	7,608,000
〃			〃		1.0%	8,941,000
〃			〃		2.0%	10,642,000
〃			〃		3.0%	12,835,000
〃			〃		4.0%	15,691,000
〃			〃		5.5%	21,759,000

りません。この「掛金等」を従業員がどのような運用をしていくのか、また中退共などに「掛金等」を納付した場合、どのような運用となるのか、現時点でわかるのは今の運用利回りだけです。したがって、運用利回り毎に「掛金等」の将来価額を算出し、参考数値とすることが従業員に説明する際にはわかりやすいでしょう。

　ただし、このモデル表を使う際に注意しなければならないのは、現在の予定利回りにとらわれて、今後の運用利回りを低く設定し「掛金等」を決めてしまうことです。（表—34）や（表—35）で表示されている42年間の予想利率を1.0%や高くても2％でみると現行の支給水準より減ってしまいます。同じ水準を維持しようと思えば、「掛金等」を増額しなければなりません。

(表—35) 確定拠出タイプモデル「掛金等」「平凡的なコース」

等級	役職	初期年齢	「掛金等」	在位年数	到達年齢	「掛金等」累計
1等級	役付無し	18歳	5,000	2年	20歳	120,000
2等級	役付無し	20歳	6,000	2年	22歳	264,000
3等級	役付無し	22歳	7,000	6年	28歳	768,000
4等級	役付無し	28歳	8,000	5年	33歳	1,248,000
4等級	主任	33歳	9,000	5年	38歳	1,788,000
5等級	主任	38歳	10,000	10年	48歳	2,988,000
6等級	主任	48歳	12,000	5年	53歳	3,708,000
6等級	係長	53歳	14,000	7年	60歳	4,884,000
定年時受取予想額			42年間の運用利周り		0.0%	4,884,000
〃			〃		1.0%	5,879,000
〃			〃		2.0%	7,175,000
〃			〃		3.0%	8,884,000
〃			〃		4.0%	11,156,000
〃			〃		5.5%	16,102,000

こうしてしまえば、「掛金等」の高値固定という結果が生じます。今後、運用環境が好転し、4.0％や5.0％の運用が可能になったとしても、運用がよくなったからといって「掛金等」の水準を引き下げることはできません。これは、不利益変更となってしまうからです。

したがって、「掛金等」の支払水準は、先に述べたように現行制度における従業員ごとの退職金積立月額の水準を基本にして、幾つかの運用利回りを想定しながら、企業として今後負担していくことが可能であり、従業員にも理解が得られる金額を見極めていく必要があります。

8．受給要件と勤続年数

　退職金支払いの目的や、制度形態などの５つの重要項目の他に受給要件や勤続年数の計算についても現行制度を分析し、このままでよいか検討する必要があります。

　分析用規程例では第９条（退職金の不支給）において、懲戒解雇や競業避止義務違反に該当した場合の不支給や減額の規定が設けられています。業務上横領など懲戒解雇が有効と認められるような重大な懲戒事由が生じたとしても、退職金規程に不支給の規定を設けていなければ退職金を不支給にすることはできません。

　競業避止義務違反についても、まず就業規則本則に「社員が退職後○年の間に会社の書面による承諾なしに、同一府県内及び隣接府県内で同業他社に就職したり、会社と競合関係に立つ事業を自ら開業したりしてはいけない。これに違反した場合は、退職金規程に基づき退職金を減額もしくは不支給にする場合がある。また、支給した後にその事実が判明した場合、本人に対し退職金の全部または一部を返還請求することがある。」と定め、且つ退職金規程にも減額・不支給の定めをしておかなければ、退職金を全額支払わなければならなくなります。

　勿論、退職金不支給または減額に対して、退職した従業員が提訴してきた場合、裁判所は懲戒事由の内容や競業避止義務違反により企業が被る具体的損害、またその従業員の在職中の勤務状況などを総合的に判断して退職金不支給・減額が正当かどうか判断します。したがって、規定しておけば必ず不支給が認められるとは限りません。しかしながら、不支給規定がなければ話になりません。

　実際、不支給・減額の事由が生じた場合、どのような対応をするかは、そのときの状況次第になると思いますが、不支給・減額が出来る退職金規程にしておかなければなりません。

勤続年数の計算は、分析用規程例のように休職期間、産前・産後休暇の期間、育児・介護休業の期間、自己都合の欠勤の期間は勤続年数の計算から除外するのが一般的です。これらは全て私的な理由により労務の提供をしなかった期間であり、勤続年数の計算に入れなくても特に問題はありません。

　ただし、勤続年数の除外規定を設けても、実際にこれが適用されているかどうかは企業によりまちまちです。数十年前の休職期間等の記録も無いし、確かなことは誰も覚えてもいないというのが現実ではないでしょうか。このような場合、除外規定がありながら休職期間等も含めて支払っていてもやむを得ないでしょう。

　問題は、従業員によって対応が異なる場合です。例えばAさんはかなり以前に休職したことがあるようだが、いつごろなのか、どれくらいの期間なのか分からないので、退職日と入社日だけに基づいて勤続年数を計算した。しかし、Bさんは最近1年間にわたり休職したことは明白であるから、この1年間は勤続年数から除外して勤続年数を計算した、といったことは今までありませんでしたか？

　勤続年数の計算において、休職期間等の除外規定を設けるのであれば、いくら年月が経過しても、また担当者が入れ替わっても勤続年数を規定に基づいて正確に計算できるように実務上の管理を確実に行うべきです。そうでないと、従業員間に不公平が生じてしまいます。

第6行程

退職金規程の不利益変更

　退職金制度見直しをするとき、まず期日を決めて現在の退職金規程を廃止し、その翌日から内容の一新された新退職金規程を施行します。今回の制度見直しにおいて、もっとも重要なことは人事面と財務面を考えた新しい制度を作るということです。

　これは、現在の制度内容の根本を見直すことですから、従来の退職金規程に定められている制度形態、計算方法、支給形態、支給水準などは、大幅に

●第6章 退職金制度見直しの行程

変更される可能性があります。それは、同時に従業員にとって不利益変更を伴う可能性が非常に高いということです。

1．不利益変更の法理

　ご存知のように退職金規程は、就業規則の一部であり、これを変更するということは労働条件の変更を意味するものです。最初の労働条件は、法令を遵守し公序良俗に反しない限り企業によって一方的に決定し得るものですが、それを途中で変更する場合、その変更内容が従業員にとって不利益となるものであれば、原則として従業員の同意が必要であるとされています。
　つまり、いくら法律の範囲内であっても、企業が一方的に変更出来るものではないということです。特に退職金のような賃金に関わる事項の不利益変更は、従業員の生活（特に老後の生活）に直接影響を与えることであり、従業員にとって簡単に受け入れられるものではありません。
　とはいっても、第1章の5．運用益（利息）で支払っていた退職金でわかるように、今後の運用環境等を考えれば、現在の退職金規程を維持することは困難であり、企業にとって死活問題になる可能性をはらんでいます。また、継続的な労働関係においては、従業員の同意がなければ何も変更できないというのはあまりにも不適切であるといえます。
　その為、従業員全員の同意がなくても就業規則の変更を一定の範囲で認める「不利益変更の法理」が判例によって確立されています。

（参考資料）
　「新たな就業規則の作成又は変更によって、既得の権利を奪い、労働者に不利益な労働条件を一方的に課することは、原則として許されないと解すべきであるが、労働条件の集合的処理、特にその統一的かつ画一的な決定を建

前とする就業規則の性質からいって、当該規則条項が合理的なものである限り、個々の労働者において、これに同意しないことを理由としてその適用を拒否することは許されないというべきである。そして、右にいう当該規則条項が合理的なものであるとは、当該就業規則の作成又は変更が、その必要性及び内容の両面から見て、それによって労働者が被ることになる不利益の程度を考慮しても、なお当該労使関係における当該条項の法的規範性を是認できるだけの合理性を有するものであることを言うと解される。特に、賃金、退職金など労働者にとって重要な権利、労働条件に関し実質的な不利益を及ぼす就業規則の作成又は変更については、当該条項が、そのような不利益を労働者に法的に受忍させることを許容できるだけの高度な必要性に基づいた合理的な内容のものである場合において、その効力を生ずるものというべきである。」(大曲農協事件・最高裁昭63.2.16労働判例512号7頁)

このような判例から、退職金規程の不利益変更における合理性の有無は、以下の事項を総合的に考慮して判断されると考えていいでしょう。
　① 労働者が被る不利益の程度
　② 使用者側における、変更の必要性の内容・程度
　③ 変更後の退職金規程の内容自体の相当性
　④ 代償措置、その他関連する労働条件の改善状況
　⑤ 労働組合等の交渉の経過
　⑥ 他の労働組合、または他の従業員の対応
　⑦ 同種事項に関する我が国社会における一般的状況等

この中で、労働組合のない企業においては⑤と⑥は、「従業員との交渉の経過及び対応」と読み替えればよいでしょう。

●第6章　退職金制度見直しの行程

２．不利益の程度等の把握

　大きな内容変更を伴う退職金制度見直しにおいて、その変更内容が従業員にとって不利益なものとなっていないか、なっているのであれば、どの程度の不利益なのかを確実に把握する必要があります。そこで、まず検討されるのが、変更前と変更後における退職金規程の内容と第4行程において説明した「既得権」の保証の仕方です。
　これを最も単純な例でご説明します。

《設定》現在の退職金制度は確定給付タイプ、退職一時金の計算方法は給与比例方式とします。給与比例方式とは、「退職一時金等」が算定基礎額（退職時基本給）×勤続係数（支給倍率）×退職事由係数により算出される計算方法です。
　　　　退職金原資の準備は、中退共で積み立てていますが、昔のような運用は期待できず、このままでは将来、退職金の支払いが困難になることが予想されます。また、このまま現在の退職金支給水準を維持すれば、会社の財務状況は悪化する一方です。
　　　　そこで算定基礎額を退職時基本給であったものを、その70％に引き下げることにより、退職一時金の支給水準を引き下げようと考えています。

　この設定を**（図―18）**によって説明しますが、ここでまず問題になるのは、
1．算定基礎額が従来の70％となることで支給水準も従来の70％に引き下げられる。
2．変更時点での所謂「既得権」は保証されるのか。
3．定年間近の従業員に経過措置はとられているか。
4．退職金積立は現状でどの程度不足しているのか。現在の支給水準を維持

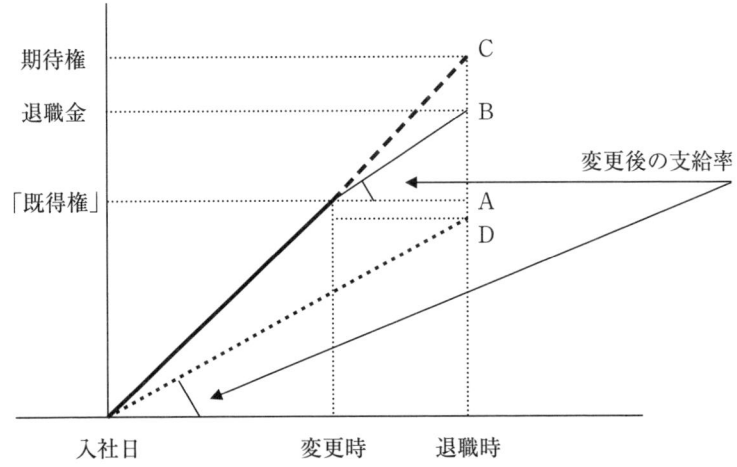

(図—18) 不利益変更時における「既得権」、期待権

すれば、経営面でどの程度の影響が出るのか。積立金の運用難という外部要因は不利益変更の合理的な理由となり得るのか。
5．今後の支給水準は一般的な世間相場から見てどうなのか。
6．支給水準を下げる代わりに何らかの代償措置を講じたのか。
7．従業員には、退職金制度の現状など詳しく説明し、理解を得る為の努力をしたのか。
8．従業員との話し合いはどの程度したのか。
9．退職一時金の支給水準を下げることは、社会一般的に行われていることなのか。

というようなことにまとめられると思います。
　特に1と2は、従業員の不利益の程度をみる上で重要な要素となります。(図—18) で説明すれば1の支給水準は従来の70％となり、この図で見れば従来の支給水準（C）が（D）の水準にまで下げられるということになります。この引き下げ幅がまず問題です。次に2の「既得権」の保証の問題ですが、これから退職する従業員は全て退職時の基本給の70％を算定基礎額とし

て退職一時金額を計算するのか（D）、「既得権」（A）は保証した上で変更時点から発生する分に関してのみ基本給の70％を適用するのか（B）、また定年間近の従業員の場合期待権（C）を確保するといった経過措置を講じるのかによって、実際の退職一時金にかなりの差が生じてきます。

　このようにこの設定では１と２の事項を考慮して、従業員が被る不利益がどの程度のものなのかを確実に把握しておかなければなりません。また、４の運用難という外部要因が不利益変更の合理的な理由となるかどうかは、いろいろと意見の分かれるところですので、経営面への影響とからめて慎重に判断する必要があります。

3．「既得権」の確保の方法

　従業員が被る不利益の程度を先ほどの《設定》で見ていきますと、まず「既得権」が守られれば、退職金規程の変更時までの期間については、不利益変更は無いということになり、変更時以降における給付水準の引き下げの程度が、この《設定》の「不利益の程度」という事になります。従って「既得権」を保証する場合は、退職金等の計算方法や支給水準の変更内容が、不利益変更の程度を推し量るものとなります。そこで退職金制度見直しにおいて、「既得権」は具体的にどのような形で保証されているのかを見ていきます。

(1) ポイント方式導入の場合

　例えば、確定給付タイプの退職金制度において、計算方法を給与比例方式や定額方式からポイント方式へ変更する場合、まず制度見直し時における「既得権」の額を算出します。その結果、仮に4,500,000円という金額が算出されたとします。新しく採用するポイント方式におけるポイント単価が

10,000円であれば、新制度開始と同時に450ポイントを付与することになります。(4,500,000円÷10,000円＝450)。

したがって、450ポイントの持ち点を確保した上で、その後は新しい規程にて付加されるポイントを加算していき、退職時にはその累計ポイントに10,000円を乗じた金額が退職一時金額になります。

(2) 給与比例方式を継続し、支給水準を引き下げる場合

確定給付タイプ、および給与比例方式の計算方法を維持しながら支給水準を引き下げる場合、方法としては勤続年数別支給率を引き下げるのではなく算定基礎額を引き下げることにより全体的な支給水準を引き下げます。

例えば、現行の制度より退職金の支給水準を30％引き下げるとします。現在の算定基礎額が退職時の基本給額となっていれば、制度見直し以後の算定基礎額は退職時の基本給の70％とします。このように勤続年数別支給率はそのままにして算定基礎額を調整します。

以下に給与比例方式を維持しながら支給水準を引き下げる場合の「既得権」の保証の仕方を分析用規程例第4条…給与比例方式に基づいて説明します。なお、退職事由は定年退職とします。

《事例》
現在の制度	算定基礎額（退職時基本給）×勤続年数別支給率
見直し案	算定基礎額（退職時基本給×70％）×勤続年数別支給率
現在の基本給	300,000円
定年時の基本給	380,000円
現在の勤続年数	満20年、したがって支給率は21.80
定年時の勤続年数	満32年、したがって支給率は34.88

「既得権」は、300,000円×21.80＝6,540,000円

現在の制度を続けた場合の定年退職金額は、380,000円×34.88＝13,254,400円
勤続満20年から満32年の間に増えた退職一時金額は、

(表—36) 給与比例方式　支給水準引き下げによる「退職一時金等」比較

内　容	期待権	「既得権」	計算式	退職金額
支給水準現状維持	○	○	380,000円×34.88	13,254,400円
見直し以後70％へ	×	○	《事例》の計算式です	11,240,080円
入社時に遡り70％へ	×	×	380,000円×70％×34.88	9,278,080円

13,254,400円 − 6,540,000円 = 6,714,400円（この金額を70％に減額します）

6,714,400円×70％ + 6,540,000円（「既得権」）) = 11,240,080円

　この事例のように制度見直し時の「既得権」を保証し、制度見直し後の支給水準を70％に引き下げた場合は、この計算式により退職一時金額を求めることになります。

　なお、「既得権」を保証せずに全体の支給水準を70％に引き下げる場合の退職一時金額は、単純に（退職時の基本給×70％）×勤続年数別支給率で計算すれば求められます。

　(表—36) は、この《事例》に基づいて算出した現状維持を含め、「既得権」を保証した場合、「既得権」を保証しなかった場合の比較表です。

(3) 確定給付タイプから確定拠出タイプへの変更

　確定給付タイプから確定拠出タイプへ制度変更する場合、最もわかりやすい方法は、「既得権」相当の仮の退職金額を制度変更時に支払って、旧規程分の退職給付債務を完全に清算してしまう事です。これは退職金制度を完全に廃止してしまう場合も同じです。

　しかし、これには３つの問題が生じます。１つは、退職金積立が少なく「既得権」に対して不足金が相当額に達している状況であれば、清算するには不足金と同じだけの費用がすぐに必要になることです。

　２つ目は、税金の問題です。退職金制度見直し時の税の取扱いについては、最終章において説明しますが、この時点での清算金は、例えば中退共等の外

部積立機関から支払われる金銭は「一時所得」となります。また、企業から支払われる金銭は「給与所得」となります。

　もともと退職金に対してはかなりの優遇税制が講じられています。一般的な退職金の額であれば、現在のところほぼ全額非課税扱いとなるケースがほとんどです。したがって、制度変更時に「既得権」等を清算することは税務面においてかなりの不利益を被ることになってしまいます。

　3つ目として、稀なケースですが制度見直し後、何らかの事由で従業員が懲戒解雇になった場合です。退職金規程の懲戒解雇不支給規程により懲戒解雇となった場合、「既得権」も当然消滅してしまいます。制度見直し時に「既得権」を清算してしまうと後になって返せとはいえません。

　これらの問題点を考慮すれば、このケースでも「既得権」の処理は、実際の退職時まで支払いを留保することが望ましい対応といえます。その際、後でトラブルが生じないために、制度変更時における「既得権」等保証額を覚書等で残し、それを会社と従業員がお互いに保管しておいてください（**参考文献―1**）。

　(**図―19**) は、分析用規程例のような制度形態は確定給付タイプ、積立制度は中退共という退職金制度を確定拠出タイプに変更し、積立制度はそのまま中退共を活用する場合の「既得権」の保証の仕方と中退共の取り扱い方を図に表したものです。

　制度見直し時における「既得権」を保証するには、その時点の中退共積立金額との差額を不足金として実際の退職時に企業から別途支払う必要があります。中退共は、そのまま確定拠出タイプの新制度の積立手段として活用しますから、制度見直し後は中退共にいずれかの計算方法に基づいた「掛金等」を納付していくことになります。その結果、退職時に中退共から支払われる退職金額は、旧制度（確定給付タイプ）の清算金の一部と新制度（確定拠出タイプ）の「掛金等」の合計額ということになります。

① 「既得権」の額
② 中退共の制度見直し時における従業員毎の退職金試算額

●第6章　退職金制度見直しの行程

（参考文献―1）退職金制度見直しによる旧制度清算金に関わる覚書

　退職　一郎　殿

①	平成☆☆年△月31日において、貴殿が定年または会社都合退職したものと仮定し、旧退職金規程により算出された金額	円
②	平成☆☆年△月31日において、貴殿が自己都合退職したものと仮定し、旧退職金規程により算出された金額	円
③	平成☆☆年△月31日において中小企業退職金共済に積み立てられている貴殿の積立金額	円
④	実際の退職事由が定年・会社都合退職であった場合、退職時に会社より別途支払われる金額 ①－③＝④	円
⑤	実際の退職事由が自己都合退職であった場合、退職時に会社より別途支払われる金額 ②－③＝⑤	円

　退職時において、中小企業退職金共済本部より支払われる退職金の他に、退職事由により上記④又は⑤の金額を旧退職金制度清算金として別途会社より支給いたします。
　ただし、支給方法、支給要件等については、平成☆☆年△月1日より施行された○○産業株式会社退職金規程の定めによるところに準じます。したがって、退職事由が懲戒解雇であった場合、および競業避止義務違反に該当した場合は、④または⑤の金額は全額不支給とします。

平成☆☆年○月1日

　　　　　　　　　　　　　　○○産業株式会社
　　　　　　　　　　　　　　代表取締役　山田　太郎　　　㊞

(図—19) 確定給付タイプから確定拠出タイプへ変更時の「既得権」の保証

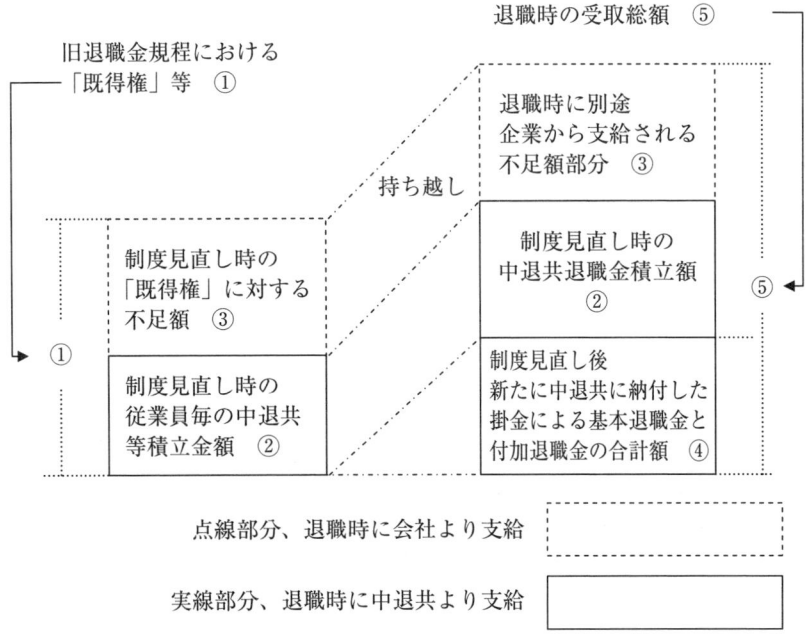

③ 「既得権」—②の従業員毎の退職金試算額＝従業員毎の不足額
　　（退職時に会社が支払う「既得権」の補填分。）
④ 新制度において、従業員毎の掛け金にて積立てられた基本退職金と付加退職金の合計
⑤ 退職時に中退共と会社から支払われる従業員受取総額

(4) 定額方式における「既得権」の確保

　分析用規程例第4条"…定額方式の場合、定年退職と定年前の中途退職とでは、同じ勤続年数であっても退職金額に2倍以上の差が付いています。例えば同じ勤続35年で、定年前の59歳で自己都合退職した場合と60歳定年で退職した場合とでは、退職金額が2倍以上の差が生じるということです。これは極端な差といえます。

第4行程で説明したように、「既得権」として仮定年前中途退職金と仮定年退職金の2つを設定し、将来における実際の退職事由によって、どちらかの「既得権」を適用します。

ただし、制度見直し時において勤続年数が長期の従業員ほど、2つの「既得権」の額に大きさが生じます。これは実際の退職時に必要となる補てん金額が退職事由により大きく異なることを意味します。この為、企業によっては無理やり「既得権」を仮定年前中途退職金で一本化しようと試みることも予想されます。

会社の経営状況などからやむを得ない場合は別として、そうでない場合は制度見直し時の会社の責任として前にも説明しましたが、あくまで全従業員が定年まで勤務することを前提に補てん金の準備はしていかなければなりません。

なお、定額方式をそのまま継続していくことには賛成できません。それでは制度見直しの意味がありません。したがって、支給水準を引き下げて定額方式を継続する場合の「既得権」の保証方法は省略します。

4. 会社の都合と従業員の理解

ここまで「既得権」の扱い方について述べてきました。これは退職金規程の見直し時において既に発生している権利の価額ということになっていますが、従業員には退職という事由が起こって初めてこの権利が生じるわけです。したがって退職に至る間に何らかの不祥事を起こし、懲戒解雇となったような場合、退職金規程の不支給規定により退職金は不支給となり、「既得権」は存在しません。

なお、制度見直し時の「既得権」の取扱いについては、これを守ることが大原則です。しかしながら、従業員にとって退職金を受け取る為には企業の

存続そのものが前提となります。したがって絶対に「既得権」を保証しろとはいえないケースもあります。現在のような積立金の運用環境の悪化は、企業にとっては災難としかいえません。

「既得権」を保証したことによって、例えば取引先とか銀行などへの対外的な企業の信用が低下したり、厳しい資金繰りに直面したりすることもないとはいえません。そうであれば、これは考え物です。このような場合には「既得権」より低い水準の額しか保証できないケースも生じてくるでしょう。

退職金制度見直しの際に重要なことは、変更内容が従業員にとって納得できるものであるかということ、これからも維持できる退職金制度であるかということ、会社側と従業員側が腹を割った話し合いが出来たかということです。

退職金規程の不利益変更についての7項目の検討はあくまで法廷で争われた場合の司法判断の目安ですが、この見直しに従業員、経営者の双方が納得し、労使円満に且つ一致団結して今後の企業の運営にあたって行く為にも、これらの点は充分に意識して話し合いを進める必要があります。

5．代償措置

変更後の給付水準や「既得権」の取扱い等で、不利益変更がやむを得ない場合、何らかの代償措置を検討する必要があります。それには「定年延長」「定年後再雇用制度の充実」「年間休日の拡大」「1日の所定労働時間の短縮」「福利厚生制度の充実」「給与水準の引き上げ」などが考えられますが、退職金の使い道が多くの場合、老後の生活費に充てられていること、退職金は定年退職と関わりが強いことなどを考えれば、「定年延長」「定年後の再雇用制度の充実」など高午齢者雇用に関する措置を講じるのが最適です。

現在、高年齢者雇用安定法により定年は満60歳を下回ってはならないこ

と、満60歳で定年を迎えた社員が希望すれば原則として満65歳まで再雇用しなければならないことなどが企業に義務付けられていますが、今後の我が国の労働市場をみたとき、少子化による労働力不足は深刻なものとなってきます。特に熟練した労働力の確保は、今後、企業にとっては至上命題です。

したがって、高齢者雇用に関しては、単なる退職金の不利益変更の代償措置という捉え方ではなく、退職金制度を高年齢者雇用制度と一体化して考えた方がより説得力のあるものになるはずです。

何れにしても少子・高齢化社会、見通しの甘い年金行政に企業として対処するには、高齢者雇用の環境整備は急務です。したがって、退職金制度は単独で見直しを考えるのではなく、高齢者雇用制度を充実したものにするための一つの分野の見直しと捉えた方が企業にとっても従業員にとっても理解し易いものとなります。

つまり、退職金の不利益変更のために定年延長等の代償措置を講じるのではなく、高年齢者雇用制度を更に充実させていくために退職金制度も見直しをせざるを得ない、といったふうに捉えては如何でしょうか。

第7行程

退職金積立制度（手段）の検討

1．新しい積立制度（手段）の検討

　退職金の支払い目的、支払い方・受取り方、確定給付タイプか拠出タイプかの形態、「退職一時金等」「掛金等」の計算方法、支給水準、受給要件などが決定すれば、新しい退職金制度の方向性と骨格が決まったことになり、これにより退職金規程の内容が固まってきます。そして、その規程の内容に対してどの積立制度（手段）が適しているかを検討し、決定していきます。

　新しい退職金制度の方向性や退職金規程の内容を充分に検討せずに、何で

積み立てればよいのか（積立制度の選択）を迷っていても一向に埒はあかない、ということをこれまで嫌というほど述べてきましたが、これは不変の事実です。

なかでも積立制度の決定に最も大きな影響を与えるのが、「支払方法」「確定給付タイプOR確定拠出タイプ」の選定です。これらを明確にしていきながら積立制度を選択していきます。

（表—37）は、企業サイドの実質的な支払方法（どのように認識しているかではなく、実態をいう）と従業員サイドが認識している受取方法、「退職

（表—37）タイプ別一覧表

タイプ	支払・受取方法		計算方法の規定		制度形態		積立制度（手段）	整合性
	企業から見て	従業員から見て	退職金等	掛金等	確定給付タイプ	確定拠出タイプ		
A	前払い（給与・賞与）	給与又は賞与	×	◯	×	◯	無し	◯
B	前払い（掛金・拠出金）	退職一時金又は退職年金	×	◯	×	◯	中退共	◯
							特退共	◯
							401k	◯
C	外部積立＋補填金	退職一時金又は退職年金	×	◯	×	◯	簡易型CB	◯
D	前払い（掛金）＋内部留保持出し	退職一時金	◯	×	◯	×	中退共と保険商品	×
							特退共と保険商品	×
E	外部積立＋追加保険料	退職年金又は退職一時金	◯	×	◯	×	確定給付年金 本格DB 簡易型CB	◯
F	内部積立	退職一時金	◯	×	◯	×	預貯金や保険商品	◯
G	廃止	無し	×	×	×	△	無し	—

●第6章　退職金制度見直しの行程

一時金等」と「掛金等」のどちらを退職金規程に定めているか、そして制度形態として確定給付タイプか確定拠出タイプか、および規程内容と積立制度の整合性の有無を幾つかのタイプ別にまとめた一覧表です。積立制度（手段）を検討するときの参考にしてください。

2．タイプ別選択

（Aタイプ）

　これは退職金前払い制度そのものです。おそらく最も「単純」で、且つ「完璧」な確定拠出タイプの退職金制度といえます。給与に上乗せ（又は賞与に上乗せ）して支払われる「掛金等」（前払い金）は給与所得として課税され、社会保険料算定基礎の対象となります。

　ただし、退職金前払い制度については、①合理的な人事考課が機能し、それに基づいた賃金体系が確立していること、②従来の退職金制度と併設されており、従業員の自由な意思により何れかを選択できること、この２点を満たさない企業が導入することは非常に危険です。何故ならば、毎月支払われる「本来の給与」と前払い退職手当等の名称で上乗せされる「掛金等」との区別が制度開始後、時間の経過とともに実質的に不明瞭となる可能性が高いからです。

　つまり、「掛金等」を前払い退職手当として毎月の給与で支払っていても、毎年行われる賃金改定時に、実際の昇級分の一部がこの前払い退職手当に吸収されてしまう可能性があります。１年や２年は確実に区別されているでしょうが、５年、10年と経つうちに、実質的に退職金制度の廃止となってしまう可能性があります。

　したがって、Aタイプ、前払い退職金制度の導入は先に述べた２つの要件が必要不可欠であると認識してください。

また、この制度を導入した場合の所得課税に対する対処法としては、従業員が本人の意志で日本版401ｋプラン個人型に加入することが一つの方法として考えられます。これに加入すれば拠出金の上限である月額23,000円までは所得控除の対象となりますから、その範囲までは実質非課税で前払い金を受け取ることが出来ます。ただし、社会保険料算定基礎の対象からは除外されませんのでその点は注意して下さい。

　なお、従業員が個人型の日本版401ｋに加入した場合の企業の役割について、この際少し触れておきましょう。まず、企業型と違って個人型において企業は、運営主体ではなく、協力機関と位置付けられています。従業員が個人型に加入するため若干の事務作業を協力するだけの機関ということです。この事務作業は以下の内容になっています。

１．事業所の登録
２．事業主証明書の発行
　　（加入時及び年１回の従業員が個人型に加入できる者であることの証明）
３．従業員の拠出金の払込
　　（従業員の掛け金を給与天引きする場合、従業員個人が払い込む場合は必要なし）

　このように個人型はあくまで従業員本人が主体的に加入するものであって、企業は単なる一協力者ということになります。また、個人型は制度導入時や毎年の運営に関わる費用の負担、そして従業員投資教育の義務も一切企業に生じさせることはありません。従ってこれが本当の「自己責任」型年金制度といえるかもしれません。

　前払い制度導入の際、企業から個人型への加入を従業員に勧める必要はありませんが、前払い金の課税対策、老後の生活設計、及び資産運用の一手段としてこのような制度があるということ、会社としても事務的な面で協力をするということくらいは紹介しておいてもよいでしょう。

（Bタイプ）

　Bタイプは、退職金規程では毎月の「掛金等」の計算方法だけが規定されており、確定拠出タイプの退職金となっています。したがって、企業から見れば各積立制度（中退共、401ｋ、特退共）に対して支払う掛け金等は、Aタイプの前払い金と同じ性質です。

　つまり本人に直接、給与または賞与として支払うのか、中退共や401ｋといった制度に支払うかが違うだけです。なお、従業員は退職時または60歳以降に一時金または年金として受け取ることになります。

　企業から各機関に支払われた「掛金等」は全額損金算入となり、従業員の所得にもならず、社会保険料算定基礎の対象にもなりません。そして、退職時に一時金で受け取れば退職所得控除の対象となり、年金で受け取れば公的年金等控除が適用されます。

（Cタイプ）

　確定拠出タイプの退職金制度としたいが、企業規模により中退共には加入できない企業、また、自己責任で従業員が運用する401ｋは我社には合わないと考える企業、いくら確定拠出といっても懲戒解雇のときまで支払われてしまうのは納得できないといった企業などが第4章「退職金積立制度」の5．確定給付企業年金（DB：Defined Benefit Plan）(2)規約型企業年金（規約型DB）②簡易型CBを選択するパターンです。

　簡易型CBは、第4章で説明したとおり、確定給付企業年金といいながら、掛金建ての積立制度です。これが確定給付、確定拠出の両方の性質を有する企業年金といわれる所以です。

　簡易型CBは、従業員ごとに仮想勘定口座を設定し、予め定められた持分付与額（毎月の掛金額）と客観的な指標に基づく再評価率（規約で定める期間ごとの予定利率）による利息付与額（再評価率により付加される利息）の累計額を仮想個人勘定残高とし、退職時にその残高に退職事由係数を乗じて得られた額を「退職一時金等」の原資とするものです。

　この再評価率ですが、毎年3月に厚生労働省が発表する下限予定利率以上

の率で設定しなければなりません。ただし、下限予定利率は、国債利回り、その他客観的な指標であり合理的に予測可能な数値などに基づいて決定されます。したがって、市場での運用実績と大きな差が出ることは少ないといえます。

　この企業年金は、よく「中退共の民間版」といわれているように、掛金建てという性質から確定拠出タイプの制度に適しています。また、年金規約に定めれば懲戒解雇時の不支給も可能です。

（Dタイプ）

　Dタイプは、確定給付タイプの制度でありながら、中退共や特退共で退職金積立をするタイプで、中小企業によく見られるパターンです。

　会社は毎月、中退共や特退共に掛け金を納付します。従業員はそれを退職時に一時金として受け取ります。ここまではBタイプと全く同じです。従って、この掛け金には所得税もかかりませんし、社会保険料にも影響は与えません。しかしこのタイプは「退職一時金等」の計算方法が規定されていますから、確定給付タイプの退職金制度になります。

　中退共や特退共に掛け金を納付するということは、本来企業から見れば、従業員の懐に現金を渡すのとほとんど同じこと（ただし、企業にはこのような意識はほとんどないようですが）ですから、Dタイプの場合は、確定給付タイプとして将来の退職金額を約束しながら、毎月退職金の「前払い」をしているということになります。

　したがって、従業員が懲戒解雇されたとしても退職金は従業員に支払われてしまいます（懲戒事由によっては減額は出来ますが、差額は企業には返還されず没収されます）。その上、退職時に退職金規程により計算された退職金額よりも中退共や特退共から支払われる金額が少なければ、その差額は企業が別途補填しなければなりません。勿論、その補填は内部留保金等から支払うことになります。

　よく「中退共で退職金を積立てると懲戒解雇した従業員にも払われてしまうので損だ。」といわれることがありますが、それは将にこのタイプの場合

にいえることなのです。掛金月額を支払うことで「前払い」しておきながら、退職時には確定給付タイプとして「退職一時金等」を保証しなければならないのです。その上、懲戒解雇でも中退共からは支払われてしまいます。

いい方は悪いですが、Dタイプは制度形態は中途半端で、且つ規程と積立制度に整合性のない退職金制度といえるでしょう。これを補うとすれば、保険商品（主に養老保険）との併用がお勧めです。そして、出来る限り保険商品に比重をおくべきでしょう。

（Eタイプ）

確定給付企業年金法に定められた規約型年金を採用した確定給付タイプの典型的なものです。したがって、退職（年）金規程は、年金規約と整合性が取れるように作成しなければなりません。また、規約型企業年金は過去の企業年金と異なり積立不足を放置しておくことはできませんが、これはあくまで企業年金という積立制度内でのことです。

旧「適年」は、退職年金規程と企業年金（積立制度）を生命保険会社または信託銀行が一元的に管理していました。したがって、企業は退職金制度の運営をこれら金融機関に任せきりに出来ました。

しかしながら、確定給付企業年金規約型は、規約の作成等の契約手続きは金融機関に任せられますが、これはあくまで退職金積立制度でしかありません。この規約に則って自社の退職金規程を作成しなければなりません。

積立制度は、第4章「退職金積立制度」の5．確定給付企業年金（DB：Defined Benefit Plan）(2)規約型企業年金（規約型 DB）①本格的 DB または②簡易型 CB となります。

なお、確定給付型企業年金の契約には、積立制度導入費、および毎年の運営費が必要になります。

（Fタイプ）

これは「企業内退職金制度」といわれるものです。税制上の優遇措置を与えられた外部の退職金積立制度は利用せず、企業内の内部留保金や保険商品

などにより退職金支払の原資を確保するものです。従業員は退職時に退職一時金として受取ります。退職金規程には「退職一時金等」の計算方法が規定されている確定給付タイプで、最も古典的な退職金制度といえます。

　過去には内部留保金が「退職給与引当金」として、一定の額まで優遇税制のもとで社内に積立てることが出来ましたが、平成24年3月を以って完全に廃止されています

　なお、養老保険を積立手段とする場合もFタイプになります。この場合、養老保険は外部積立と認識されがちですが、契約者である企業の裁量で全ての契約行為が行え、解約返戻金も満期保険金も企業に支払われますから、これは内部留保でしかありません。

　養老保険は、解約金や満期金の権利が預貯金と同じように企業に帰属し、その使い方は企業の裁量に委ねられます。例えば、懲戒解雇が発生した場合、退職金は不支給とし、その従業員を被保険者として契約していた保険の解約金は企業内に取り込むことが出来ます。企業からみれば、外部積立制度に比べて貯蓄性の面では少々見劣りする場合もありますが、使い勝手という面では魅力のあるものです。また、養老保険は、あくまで生命保険ですから、死亡保障の充実など従業員の福利厚生の向上にも役立ちます。

　ただ、契約行為の全てが企業の裁量に任されていることや、解約返戻金・満期金が企業に帰属することは、逆に業績が悪化し経営が苦しくなれば、企業が運転資金に使うため勝手に解約してしまう可能性があります。これは、従業員からみれば不安定・不利益な要素です。当然、預貯金も同じことがいえます。

　また、養老保険などの保険商品に対する税務上の優遇措置は、将来、国税当局により一方的に変更される可能性もあります。この点もよく認識しておくてください。

（Gタイプ）
　一言でいって退職金制度の完全な廃止です。前払いもありません。「既得権」は、実際の退職時に清算すればよいでしょう。

●第6章　退職金制度見直しの行程

　退職金制度の廃止は、退職金制度見直しの中で最も難しい方法ですが、従業員の年齢層が比較的若い会社であれば、さほど難しいことではないかもしれません。
　退職金規程の不利益変更とも絡みますが、制度廃止を行う場合2つの方法があります。
1．一機に現退職金規程を廃止・清算し、以後完全に止めてしまう。
2．退職年金規程を改訂し、どこかの時点、例えば、平成☆☆年☆☆月☆☆日以降に入社した従業員には退職金規程を適用しない。

　従業員の出入りが激しい企業なら、2の方法でも退職金制度が実質的になくなるまでに長い時間は必要ないかもしれません。

3．現行積立制度の取扱い、および金融機関との打合せ

　制度見直しに伴って積立制度を変更する場合の取扱い方は、基本的には旧積立制度を解約し従業員に積立金を分配します。そして、この分配金と制度見直し時の「既得権」の差額を実際の退職時に支払います。
　ただし、中退共や確定給付企業年金等の外部積立は、解約しても一時所得として扱われ、税制上不利になります。また、契約期間によっては今までの積立金総額に満たないこともありますので、その点をよく注意してください。そのため、場合によっては毎月の積立金を最低限に減額した上で契約を続けることも視野に入れてください。
　内部留保金や養老保険等の内部積立の場合で、今後中退共や確定給付企業年金等の外部積立をする場合は、旧制度を清算し「既得権」の額を確定させ、その上で旧制度の清算金としてこの額を支払った場合、退職所得とみなされ所得税法上退職所得控除が受けられることがあります。なお、これに関しては第7章「退職金制度と税・社会保険料」にて詳しく説明します。

また、中退共や確定給付企業年金簡易型CBで確定給付タイプの制度であったものを、確定拠出タイプに制度形態を変更する場合は、そのまま契約を継続してください。退職金規程の中で旧制度の「既得権」の取扱いなどを定めれば足りることです。決して解約はしないでください。ただし、この場合、今後は新しい計算方法で算出された「掛金等」を掛けていくことになりますから、毎月の掛金額を変更する必要が生じるでしょう。

第8行程

退職金規程の作成

1．退職金規程の具体例

　第7行程までの作業が終われば、いよいよ新しい退職金規程の作成です。退職金制度の骨格となる主要5項目と新しい積立制度（手段）を念頭において作成していきますが、何回も説明しているように、これは今後の退職金制度の全てを決定づける「主」たるものであり、「心臓部」です。
　ここでは分析用規程例から変更した場合を想定して、確定拠出タイプ、確定給付タイプごとに数種類の退職金規程をご紹介します。
　なお、これまで中小企業の退職金制度の現状や問題点を指摘し、退職金制度は人事面と財務面の両面を考えて設計するものであると解説してきました。これらを総合的に検討していくと経営者サイドは「これからの退職金制度は、確定拠出タイプであるべき」という方向に話が向かっていく傾向があります。過去に私がお手伝いした退職金制度の見直しの際も、確定拠出タイプへの制度変更を希望される経営者が多かったのも事実です。
　ただし、経営者は雇用のあり方、従業員への待遇、そして当然退職金に対しても様々な考え方や価値観を持っています。「財務面を考えると確定拠出タイプだが、実際にこれを導入するのは我社では無理だ！」「長期雇用を目

的とするなら確定給付タイプが当社には最適だ！」「従業員の事を考えると確定拠出タイプは二の足を踏む」という経営者も決して少なくはありません。

このようなことを踏まえ、ここでは中小企業が比較的導入し易いと思われる確定拠出タイプの規程例を４つ、財務面にできる限り配慮した確定給付タイプの規程例を３つ挙げ、それぞれの基本的事項、概要解説を交えて説明します。これらを参考にしながら自社に最も適した退職金制度を構築してください。

なお、退職金規程を作成していく中で「退職金の目的など我社には見当たらない」「退職金に何の意味があるのか！」「ならば、我社には退職金制度など必要ない！」「これからの時代、退職金にとらわれず高齢者雇用や人材確保を考えるべき」といった結論になれば、退職金制度の廃止も１つの選択肢となります。

確定拠出タイプの退職金規程

まず、これからの退職金制度を考えるとき、制度形態を確定拠出タイプ（掛金建て）にするかどうかの検討は、必要不可欠な事項です。しかしながら、従来の確定給付タイプ（給付建て）に慣れきった状態では、今までと全く異なった制度形態を検討するには革命的な頭の切り替えが必要になるかもしれません。

特に中小企業においては、退職金を賃金の後払いとして明確に捉えている経営者は極めて稀です。新規に退職金制度を設ける場合は別として、従来型の既存の制度が存在する企業において、退職金は「長い間、会社の為によく頑張ってくれた。ありがとう」といった功績報奨であり、任意恩恵的な金銭といった考え方が主流です。

このような従来の考え方を根本的に変えていかなければ、なかなか制度形態を確定給付タイプから確定拠出タイプに変えるのは難しいかもしれません。しかしながら、第１章で説明したように従来の確定給付タイプの退職金

は、勤続期間が長くなればなるほど運用益（利息）で支払えていたことは明白です。財務面に対する計画性や安定感がなければ、将来的に従業員にとっても不幸な退職金制度となる可能性もあります。このことをよく認識してご検討ください。

なお、以下の《規程例―1》から《規程例―4》までが確定拠出タイプの退職金規程です。

《規程例―1》

① 《規程例―1》の基本的事項
　　　退職金の目的・・・・・・有能な人材の確保
　　　制度形態・・・・・・・・確定拠出タイプ
　　　支払方法・・・・・・・・給与にて前払い
　　　計算基準・・・・・・・・職能等級別
　　　法的性格の認識・・・・・賃金後払い（退職金の前払い）
　　　積立制度（手段）・・・・（表―37）のAタイプ

② 《規程例―1》の退職金規程例

　　　　　　　　退職金規程（前払い退職金規程…給与支払）

（目的）
第1条　この規則は、就業規則第☆☆条（退職金）に基づき、社員の退職金に関する事項を定める。
　　　(2)　○○産業株式会社における退職金は、有能な人材を確保することを目的として支払う。

（適用範囲）
第2条　就業規則第☆☆条において規定された社員で、勤続年数が満2年を超えた正社員に対し、第1条の退職金を支給する。

(支給方法)
第3条　前払い退職金の支給額は、この規程に定めるところにより、第5条の支給算定給を毎月の給与に加えて支給する。

(支給開始)
第4条　前払い退職金を受ける者は社員本人とし、入社後満2年を経過した日の属する賃金計算期間分より支給を開始する。

(支給算定給)
第5条　第3条の支給算定給の月額は、社員の資格等級ごとに別表のとおりとする。
　⑵　資格等級に変動があった場合、変動のあった日を含む賃金計算期間分より支給算定給を変更する。

(所得税、住民税、社会保険料・雇用保険料等の負担)
第6条　前払い退職金を支給したことにより、増加する所得税、住民税、社会保険料・雇用保険料（本人負担分）等は社員が負担することとする。
　⑵　国、地方自治体などから支給される給付金、助成金、補助金等の所得制限に関して、会社が前払い退職金を支給したことにより社員が不利益を被ったとしても、会社はその責めを一切負わない。

(支給調整)
第7条　退職により本規程の適用除外となる者は、退職日の属する賃金計算期間における勤務日数（年次有給休暇の日数も含む）が会社の所定労働日数の1/2を超える場合のみ支給の対象とする。
　⑵　以下の各号における期間で休業日数が一賃金計算期間における所定労働日数の1/2を超える場合、その賃金計算期間の前払い退職金は支給しない。
　　　1、就業規則第☆☆条に定める育児休業及び介護休業の期間
　　　2、就業規則第☆☆条における産前・産後の休暇期間
　　　3、就業規則第☆☆条に定める休職の期間
　　　4、その他、自己の都合による欠勤の期間

(受給権者)
第8条　社員が死亡した場合、前払い退職金に未払いのものがある場合、死亡当時本人の収入により生計を維持していた遺族に未払いの支給算定給を支給する。
　⑵　前項の遺族の範囲及び支給順位については、労働基準法施行規則第42条から第45条の定めるところを準用する。

(財形貯蓄の給与控除、および払い込みの代行)
第9条　会社は、社員が前払い退職金を有効に活用し社員の生活設計に役立つものとするため、社員が勤労者財産形成促進法に基づいて設けられた金融機関の勤労者財産形成貯蓄に加入した場合、毎月の給与から積立金を控除し金融機関への払い込みを代行することとする。

(退職金規程の改廃)
第10条　この規程は、関係諸法令の改正及び社会事情の変化などにより必要がある場合には、社員代表との協議の上、改廃することが出来る。

(附則)
第11条　この規程は、平成☆☆年〇月1日から施行する。なお、この規程の施行に伴い旧退職金規程は平成☆☆年△月31日をもって廃止すると同時に旧制度で退職金原資を積立てていた中小企業退職金共済(以下、中退共)契約は解約し、積立金は従業員に支払うこととする。
　⑵　旧規程の廃止に伴い旧規程の定めに基づき従業員は平成☆☆年△月31日付けで退職したものとみなして計算された額は、旧制度の清算金として保証し実際の退職時に退職事由に応じて支給する。ただし、前項の規定により各従業員に支払われた中退共積立金の額は差し引くこととする。
　⑶　退職時に前項の清算金を支払う際は、旧規程第9条(退職金の不支給)を適用する。

(別表) 前払い退職金　支給算定給月額表

資格等級	支給算定給月額
9等級	30,000円
8等級	26,000円
7等級	22,000円
6等級	18,000円
5等級	15,000円
4等級	12,000円
3等級	9,000円
2等級	7,000円
1等級	5,000円

③　《規程例―1》の概要解説

　《規程例―1》は、目的を有能な社員の確保、形態を確定拠出タイプ、支払方法を前払い、「掛金等」基準を資格等級別とした、前払い退職金制度の基本的な形です。

　この規程例でわかるように、前払い退職金の支払い目的は、有能な人材を確保することであり、決して定年までの長期雇用（終身雇用）を期待しているものではありません。その時々の社会状況に応じて雇用は流動化するべきであるとの考え方です。

　ここでは、前払い金を毎月の給与で支払うことになっていますが、これを賞与で支払っても構いません。前払い退職金制度が誕生した頃は、賞与で支払う企業の方が多かったようです。これはその当時、賞与からは0.8％（本人負担分）の社会保険料しか徴収されなかったことが大きな要因であったと思われます（現在は社会保険料徴収に総報酬制がとられ、厚生年金、健康保険それぞれ一定の額までは毎月の給与額（標準報酬月額）と同じ料率が課されています）。

　第6条（所得税、住民税、社会保険料・雇用保険料等の負担）の定めのとおり、給与や賞与で退職金を前払いする場合、所得税や住民税の課税対象に

なり、社会保険料・労働保険などの算定基礎額にも含めなければなりません。企業としては退職金を前払いしているという認識であっても、税制上や社会保険・労働保険料の徴収に関しては毎月の給与や賞与と何ら区別されることなく同じ取り扱いがされます。

また、労働基準法上の取扱いですが、給与で支払う場合は基本給や他の諸手当と同じ扱いになります。したがって、時間外や休日労働に対する割増賃金の算定基礎額にも含めなければなりません（家族手当、別居手当、通勤手当などの算定基礎額に含めなくてよいとされる賃金に該当しないため）。労務の対価である賃金の後払いであると認識したうえで、退職金の前払いをするわけですから当然のことでしょう。

ただし、この件についてどうしても納得がいかない場合は、賞与で前払いして下さい。賞与支払であれば、一切割増賃金の算定基礎額に入れる必要はありません。なお、賞与支払は、《規程例―2》をご覧ください。

第7条（支給調整）において休職時などにおける支給調整について定めていますが、毎月の給与計算時にこの条項に照らして前払い退職金の支給の有無を確認してください。

第8条（受給権者）は、従業員が死亡退職した場合の受給権者について定めていますが、支払日が到達していない給与がある場合、遺族の相続財産となるように、前払い退職金も同じく相続財産になります。

第9条（財形貯蓄の利用）は、絶対に必要な条文ではありません。しかしながら、前払い退職金の欠点は、前払い金を貯蓄などに回さず、日常の生活費などに消費してしまう可能性が高いことです。したがって、銀行や証券会社等の勤労者財産形成貯蓄（一般に財形貯蓄といわれており、一般財形貯蓄、財形年金貯蓄、財形住宅貯蓄の3種類がある）を利用して支給算定給の範囲で従業員が希望する金額を給与天引きして払い込みを代行し、前払い退職金が将来の生活設計において有効に活用できるようにしています。

第11条（附則）旧制度の「既得権」の取扱いが旧制度の清算金として定められています。《規程例―1》の場合、中退共は解約し従業員ごとに積立金が支払われます。しかしながら、この額が「既得権」に達していない場合は、

●第6章　退職金制度見直しの行程

附則第2項のとおりその差額を実際の退職時に旧制度の清算金として支払います。ただし、この清算金については。旧規程（分析用規程例）の第9条（退職金の不支給）を適用するとしています。これにより、実際の退職事由が懲戒解雇の場合、会社からの清算金は不支給となります。

《規程例―2》

① 《規程例―2》の基本的事項
　　退職金の目的・・・・・・有能な人材の確保
　　制度形態・・・・・・・・確定拠出タイプ
　　支払方法・・・・・・・・賞与にて前払い
　　計算基準・・・・・・・・職能等級別
　　法的性格の認識・・・・・賃金後払い（退職金の前払い）
　　積立制度・・・・・・・・（表―37）のAタイプ

② 《規程例―2》の退職金規程例

　　　　　　　退職金規程（前払い退職金規程…賞与支払）

（目的）
第1条　　この規則は、就業規則第☆☆条（退職金）に基づき、社員の退職金に関する事項を定める。
　（2）　○○産業株式会社における退職金は、前払い方式とし、有能な人材の確保を目的として支給する。

（適用範囲）
第2条　　この退職金規程は、就業規則第☆☆条において適用された社員で、勤続年数が満2年を超えた社員に適用する。

（支給開始）
第3条　　前払い退職金を受ける者は社員本人とし、入社後満2年を経過した日から初めて支払われる賞与から支給を開始する。

（支給方法）
第４条　前払い退職金は、賃金規程第〇〇条に定める年２回の賞与に第８条の支給算定額を加算して支給する。

（支給時期）
第５条　前払い退職金は、原則として賃金規程第〇〇条に定める７月と12月に支給する。ただし、賞与の支払月に変更があった場合はそれに従う。

（受給資格者）
第６条　前払い退職金の受給資格者は、勤続年数が満２年を経過した社員で、且つ賞与支払い日に在籍している社員とする。

（前払い退職金受給権の確保）
第７条　社会情勢の急激な変動、会社業績の悪化、社員の懲戒処分等により賃金規程第〇〇条に定める賞与の支給がない場合においても、会社は第８条の支給算定額のとおり前払い退職金を支払うこととする。

（支給算定額）
第８条　前払い退職金の支給算定額は、社員の資格等級ごとに別表のとおりとする。
　　⑵　職能資格等級に変動があった場合は、賞与支給日における社員の資格等級で支給算定額を決定する。

（所得税、住民税、社会保険料・雇用保険料等の負担）
第９条　前払い退職金を支給したことにより、増加する所得税、住民税、社会保険料・雇用保険料（本人負担分）等は社員が負担することとする。
　　⑵　国、地方自治体などから支給される給付金、助成金、補助金等の所得制限に関して、会社が前払い退職金を支給したことにより社員が不利益を被ったとしても、会社はその責めを一切負わない。

（支給調整）
第10条　第６条（受給資格者）の受給資格者に初めて支払われる前払い退職金は、勤続満２年を経過した日以降を支給対象とし、賃金規程第

●第6章　退職金制度見直しの行程

○○条に定める賞与の支給対象計算期間における勤続満2年経過日以降の勤務日数を支給対象計算期間の所定労働日数で除した値に支給算定額を乗じた額とする。

$$\frac{支給対象計算期間における勤続満2年を経過した日以降の勤務日数}{支給対象計算期間における所定労働日数} \times 支給算定額$$

(2) 以下の各号における事由で休業した場合、支給対象計算期間における勤務日数をその期間の所定労働日数で除した値を支給算定額に乗じて算出された額を支給することとする。

1．就業規則第☆☆条に定める育児休業及び介護休業の期間
2．就業規則第☆☆条に定める産前・産後の休暇の期間
3．就業規則第☆☆条に定める休職の期間
4．その他、自己の都合による10日以上連続して欠勤した期間（ただし、年次有給休暇は出勤として扱う）

$$\frac{支給対象計算期間における勤務日数}{支給対象計算期間における所定労働日数} \times 支給算定額$$

（退職金規程の改廃）

第11条　この規程は、関係諸法令の改正及び社会事情の変化などにより必要がある場合には、社員代表との協議の上、改廃することが出来る。

（附則）

第12条　この規程は、平成☆☆年○月1日から施行する。なお、この規程の施行に伴い旧退職金規程は平成☆☆年△月31日をもって廃止すると同時に旧制度で退職金原資を積立てていた中小企業退職金共済（以下、中退共）契約は解約し、積立金は従業員に支払うこととする。

(2) 旧規程の廃止に伴い、旧規程の定めに基づき従業員は平成☆☆年△月31日付けで退職したものとみなして計算された額は、旧制度の清算金として保証し実際の退職時に退職事由に応じて支給する。ただし、前項の規定により各従業員に支払われた中退共積立

金の額は差し引くこととする。

(3) 退職時に前項の清算金を支払う際は、旧規程第9条（退職金の不支給）を適用する。

（別表）前払い退職金支給算定額表

職能等級	支給算定額
9等級	180,000円
8等級	156,000円
7等級	132,000円
6等級	108,000円
5等級	90,000円
4等級	72,000円
3等級	54,000円
2等級	42,000円
1等級	30,000円

③ 《規程例—2》の概要解説

　《規程例—1》の前払い退職金を給与支払から賞与支払に変更したものです。

　賞与支払を採用する場合に特に注意をしなければならないのが、第7条（前払い退職金受給権の確保）の条項です。賞与は、第5章「退職金制度設計の前提」において、「賞与規程の定め方によるが、中小企業の場合、会社の業績により支給額を増減したり不支給にできるケースが多く、支払い義務はない」と説明しました。

　しかし、会社の業績等が理由で仮に賞与が不支給となった場合、それとともに前払い退職金まで不支給にはできません。賞与支払となると半年分の前払い金をまとめて支払うわけですから一度にまとまった金銭が必要になります。「背に腹は代えられぬ。ないものはない！」では済まされません。

　また、通常の賞与と賞与支払の前払い退職金は、当然ですが別項目として完全に独立した管理をしてください。これは月例給与支払の場合も同じこと

ですが、通常の給与や賞与を前払い退職金と混同してしまえば、意図的でなくても昇給額や賞与額を通常より低くしてしまう可能性があります。こうなれば、社員のモラールは低下し、それは会社業績の悪化へとつながりかねません。通常給与、賞与と切り離した厳格な管理が必要です。

第6条（受給資格者）で前払い退職金の受給資格者を勤続満2年以上の社員で、且つ賞与支払い日に在籍している社員としています。したがって、この規程では、賞与支払い日にすでに退職している社員は不支給となります。これに関しては、通常の賞与の支給要件に合わせておくのが事務処理上も無難といえます。

第10条（支給調整）は、第1項で勤続満2年を経過した社員の取り扱い方を定めていますが、経過後の日数の個人差にかかわらず支給算定額全額を支払うようにしても構いません。

また、第2項は、賞与の支給対象計算期間に育児休業や産前・産後休暇、私傷病休職などが含まれたときの取り扱い方を定めています。従来の退職金制度において、このような不就業の期間は、一般的に勤続年数に含めないことが多く、また通常の賞与も支給対象計算期間における勤務日数に応じて支払われることが一般的です。

第11条、第12条、は《規程例―1》の第10条、第11条と同じです。

《規程例―3》

① 《規程例―3》の基本的事項
　　退職金の目的・・・・・・在職中の功績報奨・有能な人材の確保
　　制度形態・・・・・・・・確定拠出タイプ（掛金建て）
　　支払方法・・・・・・・・一時金支払い
　　「掛金等」計算基準・・・役職別掛金
　　法的性格の認識・・・・・功績報奨・賃金の後払い
　　退職金積立制度・・・・・（表―37）のBタイプ　ここでは中退共

② 《規程例─3》の退職金規程例

退職金規程（確定拠出タイプの規程例）

（目的）
第1条　この規程は、○○産業株式会社　就業規則第☆☆条（退職金）に基づき、社員の退職金に関する事項を定めるものである。社員が退職したときは在職中の功績に報いることを主たる目的として、この規程により退職金を支給する。
　⑵　前項の退職金の支給は、会社が各社員について勤労者退職金共済機構・中小企業退職金共済本部（以下「中退共本部」という。）との間に退職金共済契約を締結することによって行うものとする。

（適用範囲）
第2条　この規程は、就業規則第☆☆条△号に規定された正社員に適用する。したがってこの規程で社員とは正社員を指すものとする。
　⑵　新たに雇い入れた社員については、入社後満1年を経過した日の属する月に中退共本部と退職金共済契約を締結する。

（掛金）
第3条　退職金共済契約は、社員の役職に応じ、別表に定める掛け金月額によって締結し、役職に変動のあった月から掛け金月額を変更することとする。

（休業中の掛金の取扱）
第4条　次の各号にあげる休業中の各月において、その休業日がその月の所定労働日数の2分の1を超えるときは、その月分の中退共本部への掛金は納付しない。
　　1、就業規則第☆☆条に規定された休職の期間。
　　2、就業規則第☆☆条における、産前・産後の休暇期間
　　3、就業規則第☆☆条における、育児休業及び介護休業の期間
　　4、その他自己の都合による欠勤の期間

●第6章　退職金制度見直しの行程

（退職金額）
第5条　　退職金の額は、掛け金月額と掛け金納付月数に応じ、中小企業退職金共済法に定められた額とする。

（退職金の減額・不支給）
第6条　　社員が就業規則第☆☆条（懲戒解雇）により解雇された場合は、中退共本部に対し、第5条に規定される退職金の減額又は全額不支給を申し出ることがある。

（退職金の支払時期及び支給方法）
第7条　　退職金は、社員（社員が死亡した場合はその遺族）に交付する退職金共済手帳により、中退共本部から支給を受けるものとする。
　　⑵　社員が退職又は死亡したときは、やむをえない理由がある場合を除き、本人又は遺族が遅滞なく退職金を請求できるよう、速やかに退職金共済手帳を本人又は遺族に交付する。

（受給権者）
第8条　　社員が死亡した場合、第5条の退職金及び第10条（附則）における旧制度清算金を受給できる遺族とは、死亡当時社員本人の収入により生計を維持されていた遺族とし、その範囲及び支給順位については、労働基準法施行規則第42条から45条の定めるところとする。

（退職金規程の改廃）
第9条　　この規程は、関係諸法令の改正及び社会事情の変化などにより必要がある場合には、社員代表との協議の上、改廃することが出来る。

（附則）
第10条　　この規程は、平成☆☆年〇月1日から施行する。なお、この規程の施行に伴い旧退職金規程は平成☆☆年△月31日をもって廃止する。
　　⑵　旧規程の廃止に伴い旧規程の定めに基づき従業員は平成☆☆年△月31日付けで退職したものとみなして計算された額は旧制度の清算金として保証することとし、退職時に実際の退職事由によって額を確定させる。
　　⑶　前項の清算金は、退職時に会社より別途支給する。ただし、旧

195

制度見直し時に中退共本部に積み立てられていた各従業員の積立金の額は差し引くこととする。

(4) 退職時に清算金を支払う際は、旧規程第9条（退職金の不支給）を適用することする。

(別表) 役職別掛金月額表

役　　職	掛金月額
部長・次長	30,000円
課長	20,000円
係長	12,000円
主任	10,000円
社員A（勤続満5年以上で役職なし）	8,000円
社員B（勤続5年未満で役職なし）	7,000円

③ 《規程例―3》の概要解説

　在職中の功績報奨・有能な人材の確保が退職金の主な目的で、且つ確定拠出タイプの制度形態を選択していますから、「掛金等」の計算基準をこの目的に合致したものにすれば、退職金制度の大方の概要が決まります。

　退職金規程《規程例―3》をみると、「掛金等」の計算方法は、第3条に具体的に定められています（ここでは役職別掛金）が、「退職一時金等」については第5条で「中小企業退職金共済法に定められた額」としているだけで、退職時にいくら支払われるのか具体的な定めはありません。あくまで共済法で定めた予定利回りによって決まるとしか記載されていません。

　そして、この予定利回りは、市場の運用環境を考慮して国会での共済法の改定決議を経て決定されますから、少々大げさな言い方をすれば、「退職金の額は国会によって決まる」といっても決して間違いではないでしょう。

　実際、退職金額がいくらになるか、会社はわかりませんし、また責任もありません。会社の責任は、この規程の場合、入社後満1年を経過した月から役職に応じて掛け金を中退共に納めることだけです。したがって、《規程例

―3》は、完璧、且つ明確な確定拠出タイプの退職金制度になっています。

　新たに雇い入れた社員の中退共への加入時期は、ここでは「入社後満１年経過した月から」となっていますが、勿論入社と同時でも構いませんし、入社後満２年経過、満３年経過と遅らせても構いません。ただし、中退共は、掛金納付月数が12ヶ月未満の場合、退職金額は０、12ヶ月で納付額の1/3、23ヶ月でおよそ納付額の1/2、24ヶ月になって初めて納付額と同額の退職金が支払われることになっています。その点も留意して、期間を決めればよいでしょう。あまりに長い期間（例えば、満10年経過など）にすると制度を設ける値打ちが薄れてきますから、満１年から満３年程度が妥当な期間ではないでしょうか。

　また、中小企業の場合、中途入社の社員が多いのが実情です。この場合、入社月が異なるため、中退共の加入月も各々異なってきます。このことで事務の煩雑化を生じさせるのであれば、「新たに雇い入れた社員については、入社後満〇年を経過して初めての４月に中退共本部と退職金共済契約を締結する。」として、加入月を揃えても構いません。

　「掛金等」については、ここでは退職金の目的が功績報奨、有能な人材の確保ですから、その目的に連動して役職別掛金となっています。中小企業でよく見られるように有能と思われる人材を中途入社で採用し、いきなり部長職や課長職に就けるということがありますが、この場合の掛金は、この（別表）のとおり30,000円、20,000円となります。

　なお、人事制度、とりわけ社員等級制度が確立していて、的確に運用されている会社は、「資格等級別掛金」、または「資格等級・役職別掛金」も選択肢となります。また、各役職や等級の掛金の額は、各企業の人件費、および中退共の掛金の範囲（5,000円～30,000円）を考慮して決定してください。

　資格等級制度はなく、役職の職責などは曖昧で、これを基準に「掛金等」を決めることに合理性がないと判断した場合、「基本給連動方式」も選択肢の１つです。

　《規程例―３》は、分析用規程例のような確定給付タイプで積立制度は中退共という制度を確定拠出タイプに制度形態を変更し、積立制度はそのまま

中退共を採用することにしたものです。したがって、中退共の契約はそのまま継続しますが、新制度開始以後は、この規程の第3条（掛金）および（別表）役職別掛金月額表にしたがって掛金を変更してください。

　第13条（附則）に旧制度の「既得権」、つまり旧制度の清算金の取り扱い方が定められていますが、制度形態は変更されても積立制度は中退共のままです。したがって、このような場合は、中退共の積立金はそのままにして、旧制度の「既得権」と制度見直し時の各従業員の中退共積立金の差額を実際の退職時に旧制度の清算金として、別途会社より支払うこととします。ただし、この場合も旧規程（分析用規程例）第9条（退職金の不支給）が適用されるのは当然です。

《規程例—4》

① 《規程例—4》の基本的事項
　　　退職金の目的・・・・・・老後保障、有能な人材の確保
　　　制度形態・・・・・・・・確定拠出タイプ（掛金建て）
　　　支払方法・・・・・・・・年金支払い、ただし一時金支払いも可能
　　　計算基準・・・・・・・・全員一律、ただし、特別功労金を付加
　　　法的性格の認識・・・・・老後保障、功績報奨
　　　退職金積立制度・・・・・（表—37）のCタイプ（簡易型CB）

② 《規程例—4》の退職金規程例

　　　　　　　　　退職金規程（退職金・退職年金規程）

（目的）
第1条　　この規程は、○○産業株式会社　就業規則第☆☆条（退職金）に基づき、社員の退職金に関する事項を定めるものである。社員が退職したときは在職中の功績に報いること、および老後の生活保障を目的として、この規程にしたがって退職金または退職年金（以下、

　　　　総称して退職金という）を支給する。
（年金契約）
第2条　　前条の退職金の支給を確実にするため会社は、確定給付企業年金法を遵守した確定給付企業年金規約（以下、年金規約という）に基づき〇〇生命保険株式会社（以下、保険会社という）と規約型企業年金契約（以下、年金契約という）を締結するものとする。
　　　⑵　退職金の給付、掛金、加入資格、退職金制度運営などに関して、この規程に定めがない事項については前項の年金規約に基づくものとする。
（適用範囲）
第3条　　この規程は、就業規則第☆☆条第〇号に規定された正社員に適用する。
　　　⑵　新たに雇い入れた社員については、入社日の属する月から年金契約の加入者となることとする。ただし、定年までの勤務期間が満3年に満たない者は、加入者としない。
　　　⑶　年金契約の加入者であっても勤続期間が満3年に満たない者は、退職金支給の適用除外とし、第7条（退職金の種類）に定められた退職金は一切支給しない。
（掛金）
第4条　　年金契約の持分付与額（掛金）は、全員一律月額10,000円とする。
（仮想個人勘定残高）
第5条　　第2条の年金規約に基づき、持分付与額と利息付与額の累計額を各社員の仮想個人勘定残高とする。
（休業中の掛金の取扱）
第6条　　会社は、次の各号にあげる不就業中の各月において不就業日がその歴月の所定労働日数の2分の1を超えるときは、保険会社にその月分の掛金を納付しないことができる。
　　　1．就業規則第☆☆条に規定された休職の期間。
　　　2．就業規則第☆☆条における、産前・産後の休暇期間

3．就業規則第☆☆条における、育児休業及び介護休業の期間
　　　4．その他自己の都合による欠勤の期間

(退職金の種類)

第7条　この制度における退職金は、退職事由ごとに定年退職金、死亡退職金、定年前会社都合退職金、および定年前自己都合退職金とする。

(退職金額)

第8条　退職時（企業年金の加入者資格を喪失したとき）における仮想個人勘定残高は、第5条の仮想個人勘定残高に退職事由係数を乗じた額とし、これを退職金の額とする。

　(2)　退職事由係数は、定年退職、死亡退職および定年前会社都合退職を1とし、定年前自己都合退職は勤続年数ごとに（別表）のとおりとする。

　(3)　この規程にいう定年前会社都合退職とは、社員が次の各号による事由で退職することをいう。

　　1．業務上の傷病が原因で、就業が困難となり退職するとき（通勤災害によるものは除く）
　　2．取締役就任のため一旦退職するとき（役員就任退職）
　　3．就業規則第○○条（普通解雇）により普通解雇となったとき
　　4．会社からの退職勧奨を受け入れて退職するとき

(退職金の支払時期及び支給方法)

第9条　退職金は、退職事由が生じ○○生命保険株式会社に支給請求をして以後、2ヶ月以内に支払われる。ただし、定年退職金の年金払いを希望した者は第10条第4項に規定のとおりとする。

　(2)　退職金は、○○生命保険株式会社から支給を受けるものとする。

(退職金の年金受取)

第10条　定年退職金を受け取る権利を有し、且つ年金契約の加入者期間が20年以上の者は、退職金を一時金に替えて年金で受け取ることができる。

　(2)　年金は、10年確定年金とし、定年に到達した日の属する月の翌

月から権利が消滅した日の属する月まで受け取ることができる。

⑶　年金月額は、定年に到達した日の属する月の翌月における仮想個人勘定残高を確定給付企業年金規約に定められた率（10年確定年金の原価率）で除して得た額とする

⑷　年金の支払いは、年4回、2月、5月、8月、および11月の各20日に（金融機関が休業日である場合には前営業日）とし、それぞれの支払日にその前月分までをまとめて支払う。

（退職金支給の制限）

第11条　故意の犯罪行為により退職金支払いの対象となる社員を死亡させた者には、第7条の死亡退職金は支給しない。社員が死亡する前に、その社員の死亡により死亡退職金を受け取るべき者を故意の犯罪行為により死亡させた者についても同様とする。

⑵　社員が故意の犯罪行為もしくは重大な過失により、または正当な理由がなくて療養に関する指示に従わないことにより死亡もしくはその原因となった事故を生じさせたときは、第7条の退職金の全部または一部を支払わないことがある。

⑶　就業規則第○○条（懲戒解雇）に規定された懲戒事由に該当し懲戒解雇になった者には退職金は一切支給しない。

（特別功労金）

第12条　退職する社員で、在職中に特に功績があったと認められる社員、その他特別な事情があると認められる社員に対しては、第8条（退職金額）に基づき○○生命保険株式会社から支払われる退職金額の他に、特別功労金を支給することがある。尚、特別功労金の支給の有無と支給される場合のその金額は、その功績度、職責の重さ、及びその時点での会社の財務状況等を勘案し、取締役会において決定する。

⑵　特別功労金は、取締役会の決定後、3ヶ月以内にその全額を通貨によって支払うものとする。ただし、社員（社員が死亡したときはその遺族）の同意がある場合は指定された銀行口座振込みに

より支払う。

（受給権者）

第13条　退職事由が死亡である場合、第7条の死亡退職金を受給できる遺族とは、死亡当時社員本人の収入により生計を維持されていた遺族とし、その範囲及び支給順位については、労働基準法施行規則第42条から45条の定めるところとする。

（退職金規程の改廃）

第14条　この規程は、関係諸法令の改正及び社会事情の変化などにより必要がある場合には、社員代表との協議の上、改廃することが出来る。

（附則）

第15条　この規程は、平成☆☆年〇月1日から施行する。なお、この規程の施行に伴い旧退職金規程は平成☆☆年△月31日をもって廃止すると同時に旧制度で退職金原資を積立てていた中小企業退職金共済（以下、中退共）契約は解約し、積立金は従業員に支払うこととする。

(2)　旧規程の廃止に伴い旧規程の定めに基づき従業員は平成☆☆年△月31日付けで退職したものとみなして計算された額は、旧制度の清算金として保証し実際の退職時に退職事由に応じて支給する。ただし、前項の規定により各従業員に支払われた中退共積立金の額は差し引くこととする。

(3)　退職時に前項の清算金を支払う際は、旧規程第9条（退職金の不支給）を適用する。

(別表)定年前自己都合退職時の勤続年数別退職事由係数

勤続年数	支給率
3年未満	0
3年以上10年未満	0.50
10年以上20年未満	0.60
20年以上30年未満	0.75
30年以上	0.90

※勤続年数は全て満年数とする。

③ 《規程例—4》の概要解説

　《規程例—4》の目的は、老後保障や有能社員の足止め策が主な目的とした退職金規程になっています。「掛金等」は、全員一律月額10,000円と規定されています。退職金額は簡易型CBの年金規約に基づいて積み立てられた仮想個人勘定残高に退職事由係数を乗じた額となっていますが、具体的な計算方法は規定されていません。したがって、《規程例—4》は、確定拠出タイプの退職金規程となります。

　しかしながら、簡易型CBは確定給付企業年金の1種類です。また、退職事由別に支払い金額に差を付けることもできます。したがって《規程例—4》は、純粋な確定拠出タイプではなく、確定拠出タイプと確定給付タイプの両方の性格をもった制度といえます。

　なお、「掛金等」が一律になっているのは、この事例の積立制度である簡易型CB（新型DB）が本格的なキャッシュ・バランスプランと異なり、簡易型である故に毎月の「掛金等（持分付与）」に差が付けられなかったり、付けられたとしても勤続年数別の差でしかないことが多いためです。

　したがって、会社への貢献度についても何らかの考慮が必要である場合は、第12条（特別功労金）の条文を設け、会社への貢献度が高かった特定の社員にのみ財務状況が許す限り別途功労金を加算して支払えるようにしてください。

　ただし、特別功労金の支給に際して最も注意しなければならないのは、支

払いの有無、および支払う際の金額の査定を厳格に行うことです。最初は、貢献度が高く評価された社員にだけに支払われていたが、年を経るとともに支払いの基準が曖昧になり、合理性が失われた上に退職する社員のほとんどに支払われているとなると、全社員に対して支払い義務が生じてしまいます。「規程はないが慣例的な退職金」とみなされるわけです。だから、要注意です。

　この事例での積立制度は、確定給付企業年金の一種類である簡易型CBですが、第4章で説明したように、これはキャッシュ・バランスプランの簡易型で、前もって設定された再評価率（実質的に予定利率）の利息付与を約束するものです。そして再評価率は厚生労働省が毎年3月に発表する下限予定利率以上に設定しなければなりません。再評価率以上で運用されていれば、企業に追加負担が生じることはありませんが、運用が再評価率を下回った場合、企業には追加負担が生じます。ただし、下限予定利率は市場に連動して決定されるため、年金契約の中においては企業の追加負担は発生し難い積立制度といえます。

　第4章において、簡易型CBは「中退共の民間版」と説明したように、大変似かよったものですが、この事例の場合、中退共を採用することに以下の2つの点で問題がある企業を想定しています。

A）規模（資本金や社員数）において中退共と共済契約ができない企業、または近い将来、加入対象から外れてしまう可能性の高い企業

B）確定拠出＝前払いという考え方は理解できるが、やはり懲戒解雇でも支払われてしまう（たとえ減額できたとしても企業には一切返還されない）中退共にはどうしても加入する気になれないと考えられる企業

　なお、第15条（附則）は、《規程例—3》と同じ内容です。ただし、中退共で積立をしていてA）の理由で中退共を脱退しなければならない場合は、中退共積立金は確定給付企業年金に移管できる制度もあります。ここでは、上記A）の想定ではなく、B）を想定していますから、、中退共を解約し、新たに簡易型CBを契約するケースになっています。

確定給付タイプの退職金規程

次に、確定給付タイプの退職金制度事例を3通り示します。

確定拠出タイプを検討したけれども、やはり我社に導入するのは難しいと判断し、確定給付タイプを維持する場合でも、あらためて退職金の目的を明確にし、その目的に合った退職金の計算方法に基準を変えていくべきです。

また、今後の運用環境が不透明である限り、退職金の積立手段についても過去の企業年金のような通常の積立金以外の負担が極力発生しないようにする必要があります。それには給付水準の見直しや、運用環境の変動など外部要因が退職金の原資積立に極力影響を与えないような積立制度（手段）を選択する必要があります。

以下の、《規程例―5》から《規程例―7》が確定給付タイプの退職金規程例です。

《規程例―5》

① 《規程例―5》の基本的事項

　　退職金の目的・・・・・功績報奨、有能な人材の確保
　　制度形態・・・・・・・確定給付タイプ
　　支払方法・・・・・・・一時金
　　計算基準・・・・・・・給与比例方式（修正型）
　　法的性格の認識・・・・功績報奨
　　積立制度・・・・・・・（表―37）のDタイプ
　　　　　　　　　　　　　中退共および養老保険

② 《規程例―5》の退職金規程例

退職金規程（給与比例方式修正型）

（目的）
第1条　この規則は、従業員の退職金に関する事項を定める。
　　　⑵　○○株式会社における退職金は、在職中の職務に対する功労に報いることを目的として支給するものである。

（適用範囲）
第2条　この規程は、就業規則本則第○条（従業員の定義）における正社員にのみ適用する。従って以下の各号に該当する者にはこの規程は適用せず、退職金は支給しない。
　　　１．役員（使用人兼務役員は除く）
　　　２．日々雇入れられる者
　　　３．期間を定めて雇入れられる者
　　　４．嘱託及び顧問
　　　５．パートタイム従業員及びアルバイト

（適用除外）
第3条　第2条（適用範囲）の規定にかかわらず、退職時における勤続年数が満3年未満の者は、この規程の適用除外とし、従って退職金は支給しない。

（退職金額）
第4条　従業員に支給する退職金の額は、基準算定額に退職事由別および勤続年数別に定められた支給係数を乗じた額とする。
　　　⑵　基準算定額は、退職時の基本給額の70％とする。
　　　⑶　従業員が次の各号による事由で退職する場合は、基準算定額に（別表―1）に定められた勤続年数に基づく支給係数を乗じた額を退職金として支給する。
　　　１．就業規則第○○条（定年）の定めによる定年退職（定年退職）
　　　２．死亡による退職（死亡退職）

3．業務上の傷病が原因で、就業が困難となり退職するとき（通勤災害によるものは除く）
4．取締役就任のため一旦退職するとき（役員就任退職）
5．就業規則第○○条（普通解雇）に定める業務の整備、縮小もしくは閉鎖等による人員整理のため退職するとき（整理解雇）
6．その他、会社の都合により退職するとき。ただし、従業員の責めに帰すべき事由による解雇は除く。
(4) 従業員が第2項に掲げる事由以外により退職するときは、自己都合退職とし、基準算定額に（別表—2）に定められた勤続年数に基づく支給係数を乗じた額を退職金として支給する。
(5) ただし、退職事由が懲戒解雇及び競業避止義務違反の場合については、第11条（退職金の不支給）の定めによる。

(勤続年数)
第5条　勤続年数の計算については、原則として入社の日から退職または死亡した日までとする。従って試用期間も勤続年数に算入する。ただし、以下の各号に該当する期間については勤続年数より控除する。
1．就業規則第○○条（休職）に定められた休職の期間。
2．就業規則第○○条（生理休暇・産前産後休暇）における、産前・産後の休暇期間
3．就業規則第○○条（育児・介護休業）の定めにより取得した育児休業及び介護休業の期間
4．その他、自己の都合による欠勤の期間
(2) 前項の勤続年数に端数が生じる場合、1年未満の端数月は切り捨てる。

(退職金額の端数処理)
第6条　退職金の額の計算において100円未満の端数が生じた場合は、これを四捨五入する。

(中小企業退職金共済契約)
第7条　この規程による退職金の支払を確実にする手段の一つとして、会

社は勤労者退職金共済機構中小企業退職金共済本部（以下、中退共本部という）と退職金共済契約を締結する。

(2) 中退共本部との退職金共済契約については、勤続年数が満2年に達した従業員について、その達した日の属する月に退職金共済契約を締結することとする。

（退職金の調整）

第8条　中退共本部から支給される退職金額が、第4条（退職金額）により算出された金額より多い場合、中退共本部から支給される金額を本人の退職金の額とする。

(2) 中退共本部から支給される金額が第4条（退職金額）により算出された退職金額より少ない場合、その不足分は別途会社より直接本人に支給する。

（生命保険契約）

第9条　会社は、第8条（退職金の調整）第2項の不足分を補填する手段として、会社を契約者、社員を被保険者、死亡保険金受取人を社員の遺族、満期保険金および解約返戻金受取人を会社とする生命保険契約を締結する。

(2) 生命保険契約は、原則として入社満3年に達した日以後初めての〇月に行うこととする。

(3) 体況その他の要因により生命保険会社から契約を謝絶された社員、特別保険料等の契約条件を提示された社員については、生命保険契約はしない。なお、生命保険契約をしないことに対し、会社は一切責任を負わない。

（死亡保険金と死亡退職金の調整）

第10条　第9条（生命保険契約）に定める生命保険に加入している従業員が死亡し、従業員の遺族に死亡保険金が支払われた場合、その死亡保険金は、第8条（退職金の調整）第2項に基づき会社より別途支払われる不足分に充当することとする。

(2) 中退共から支給された退職金と前項の死亡保険金の合計額が、

第4条（退職金額）第3項により算出された金額に満たない場合、その不足分は会社より別途支給することとする。

⑶　中退共から支給された退職金と第1項の死亡保険金の合計額が、第4条（退職金額）第3項により算出された金額を超える場合、その額を死亡退職金の額とみなす。

⑷　第9条第3項により生命保険契約をしなかった社員が死亡した場合は、第4条（退職金額）により計算された退職金を支給する。

（退職金の不支給）

第11条　就業規則第○○条（懲戒解雇）の事由に該当し懲戒解雇となった場合は、第4条（退職金額）は適用せず、原則として退職金は全額不支給とする。従って、中退共本部との退職金共済契約に基づく積立金についても、会社は中退共本部に対し全額不支給の申し入れをすることとする。ただし、中退共本部の決定により、その全部または一部が支給される場合はこの限りではない。

⑵　競業避止義務に違反した場合、又は違反することが明らかな場合について、会社は中退共本部に全額または一部不支給の申し入れはしない。ただし、第8条（退職金の調整）第2項の不足分が存在していても、会社はこれを支払わない。

（支給の時期及び方法）

第12条　退職金のうち、中退共本部から支給される部分は、従業員（従業員が死亡した場合はその遺族）に交付する退職金共済手帳により、従業員（従業員が死亡した場合はその遺族）が中退共本部に申請することにより支給される。

⑵　従業員が退職または死亡した場合は、やむをえない理由がある場合を除き本人又は遺族が遅滞なく退職金を請求できるよう、速やかに退職金共済手帳を本人又は遺族に交付する。

⑶　退職金のうち、会社より直接支給する部分は、原則として退職、解雇または死亡の日から6ヶ月以内にその全額を通貨で支給する。ただし、従業員（従業員が死亡した場合はその遺族）の同意

がある場合は、本人指定の銀行口座振込みにより支給するものとする。

（受給権者）

第13条　従業員が死亡した場合の退職金は、死亡当時、本人の収入により生計を維持していた遺族に支給する。

　　　⑵　前項の遺族の範囲及び支給順位については、労働基準法施行規則第42条から第45条の定めるところを準用する。

（債務の償還）

第14条　退職金の支給に際し、従業員が会社に対して弁済すべき債務がある場合で、会社から直接支給される退職金がある場合、本人の同意の上で会社から支給される金額よりその債務の額を控除する。

（退職金規程の改廃）

第15条　この規程は、関係諸法令の改正及び社会事情の変化などにより必要がある場合には、従業員代表との協議の上、改廃することが出来る。

（附則）

第16条　この規程は、平成☆☆年○月1日から施行することとし、旧退職金規程は平成☆☆年△月31日をもって廃止する。

　　　⑵　旧退職金規程を廃止するに際し、第17条に定める経過措置を講ずることとする。

（経過措置）

第17条　平成☆☆年△月31日時点で満55歳に達している従業員については、この規程は適用せず、旧退職金規程を適用することとする。

　　　⑵　前項の規定に該当しない従業員で平成☆☆年△月31日に在職し旧退職金規程の適用を受けていた従業員については、平成☆☆年△月31日に退職したとみなして旧退職金規程により算出された退職事由別の退職金額は、旧退職金規程の「既得権」とみなしてその権利を継承する。ただし、これについても第11条（退職金の不支給）は適用されることとする。

●第6章　退職金制度見直しの行程

(3)　前項に該当する従業員が退職した場合の退職金計算は以下のとおりとする。

【実際の退職事由が定年など（別表―1）が適用される場合】
①旧退職金規程に基づき計算した退職金額《退職時の基本給額×退職時の勤続年数別支給率（別表―1）》
②旧退職金規程に基づき平成☆☆年△月31日に退職したとみなして計算した退職金額《平成☆☆年△月31日現在の基本給額×平成☆☆年△月31日時点の勤続年数別支給率（別表―1）》
③旧退職金規程により平成☆☆年○月1日以後に発生した退職金額《①－②》
退職金額＝②＋③×70％となります。

【実際の退職事由が自己都合退職で（別表―2）が適用される場合】
①旧退職金規程に基づき計算した退職金額《退職時の基本給額×退職時の勤続年数別支給率（別表―2）》
②旧退職金規程に基づき平成☆☆年△月31日に退職したとみなして計算した退職金額《平成☆☆年△月31日現在の基本給額×平成☆☆年△月31日時点の勤続年数別支給率（別表―2）》
③旧退職金規程により平成☆☆年○月1日以後に発生した退職金額《①―②》
退職金額＝②＋③×70％となります。

（別表—1） 定年・死亡・会社都合退職など

年数	支給係数	年数	支給係数	年数	支給係数	年数	支給係数
3	2.27	13	14.17	23	25.07	33	35.97
4	4.36	14	15.26	24	26.16	34	37.06
5	5.46	15	16.35	25	27.25	35	38.15
6	6.54	16	17.44	26	28.34	36	39.24
7	7.63	17	18.58	27	29.43	37	40.33
8	8.72	18	19.62	28	30.52	38	41.42
9	9.81	19	20.71	29	31.61	39	42.51
10	10.90	20	21.80	30	32.70	40	43.60
11	11.99	21	22.89	31	33.79	以下、余白。41年以上は、40年に同じ。	
12	13.08	22	23.98	32	34.88		

（別表—2） 自己都合退職

年数	支給係数	年数	支給係数	年数	支給係数	年数	支給係数
3	1.14	13	10.06	23	20.06	33	30.93
4	2.18	14	10.93	24	20.93	34	32.06
5	2.73	15	11.85	25	22.07	35	33.38
6	3.27	16	12.73	26	22.96	36	34.48
7	4.23	17	13.63	27	24.13	37	35.58
8	5.41	18	14.52	28	25.02	38	36.69
9	5.38	19	15.53	29	25.82	39	37.79
10	7.32	20	16.67	30	27.14	40	38.89
11	8.24	21	17.80	31	28.38	以下、余白。41年以上は、40年に同じ。	
12	9.16	22	18.93	32	29.64		

●第6章　退職金制度見直しの行程

③　《規程例―5》の概要解説

《規程例―5》は、分析用規程例の退職金支給水準を70％に引き下げて作成し直したものです。計算方法を分析用規程例のような退職時の基本給×支給率ではなく、基準算定額×支給率とし、基準算定額は退職時の基本給額の70％にすることで退職金水準を30％引き下げています。

支給水準を下げただけ、といわれればその通りですが、何故30％引き下げなければならないのか、代償措置はどうするのか、従業員説明はどのように行うのか、これだけでも簡単にできることではありません。

特に旧「適年」制度廃止時であれば、「確定給付企業年金法により税制適格退職年金制度の廃止が決まった。これは積立不足が大きな原因である」という理由を前提に説明すれば、支給水準の30％引き下げは、充分可能な制度見直し範囲であったかもしれません。

しかしながら、旧「適年」廃止から時間が経過してしまった今、改めて支給水準を引き下げるには、相当な根拠が必要であり、以前にも増して説明責任も大きくなっています。

《規程例―5》は、現行の退職金制度を分析する中で、確定拠出タイプにはしたくない、または出来ないが、確定給付タイプを維持するにしても退職金原資の積立状況、会社の経営状況などから退職金の支給水準を引き下げざるを得ないと判断した企業を想定しています。

そのような状態で、中退共の他に第9条（生命保険契約）のような養老保険を契約する余裕があるのかと疑問視されるかもしれませんが、ここであえて中退共と養老保険といった2本立ての積立手段を用いたのは、退職金規程は確定給付タイプでありながら、積立制度は掛金建てといったミスマッチ状態を修正するためです。

今ここで、中退共を解約することは非効率なことであり非現実的です。したがって、支給水準を70％に引き下げても中退共積立金だけでは足りず、常時会社から別途支払いが必要という状況にすることが必要です。

つまり、第8条（退職金の調整）の第1項ではなく、常に第2項が適用される状態にしていなければ、確定給付タイプの制度形態に掛金建て積立制度

というミスマッチは修正できません。

　したがって、中退共の他に会社がその裁量で使うことのできる積立手段が必要になります。勿論、預貯金等内部留保金から支払う方法もありますが、税制上の有利さや福利厚生の充実等の面で養老保険での準備が適しているといえます。

　そこで、制度見直し時に中退共の月額掛け金を再検討する必要があります。中退共の月額掛け金は最低5,000円〜30,000円の範囲ですが、中退共年間掛け金総額と養老保険の年間保険料の合計を月例賃金、賞与と一緒に年間人件費総額に組み入れてみて両方のバランスを考えなければなりません。

　第16条（附則）と第17条（経過措置）は、この規程例において重要な条項です。第16条により旧規程は廃止し、この規程例に変更されることを明確にします。その上で、第17条により、その際の経過措置を具体的に定めます。経過措置の内容は、「別途定める」として別に内規のようなものを作成しても構いませんが、ここに具体的に記載する方が管理し易くなると思います。

《規程例―6》

① 《規程例―6》の基本的事項
　　　退職金の目的・・・・・功績報奨・老後の生活保障
　　　制度形態・・・・・・・確定給付タイプ
　　　支払方法・・・・・・・年金、または一時金
　　　計算基準・・・・・・・資格等級ポイント制
　　　法的性格の認識・・・・功績報奨・老後の生活保障
　　　積立制度・・・・・・・（表―37）のEタイプ簡易型CBおよび養老
　　　　　　　　　　　　　　保険

● 第6章 退職金制度見直しの行程

② 《規程例―6》の退職金規程例

退職金規程（資格等級ポイント方式）

（目的）
第1条　この規則は、就業規則第☆☆条（退職金）に基づき、社員の退職金に関する事項を定める。
　⑵　株式会社〇〇〇における退職金は、勤務期間における社員の職責の重さ、会社への貢献度等を勘案し、社員への功績報奨を主目的として支給するものである。

（適用範囲）
第2条　この規程は、就業規則第☆☆条（社員の定義）における正社員で、勤続年数が満3年を超える者に適用する。

（退職金の種類）
第3条　この制度における退職金は、退職事由ごとに定年退職金、死亡退職金、定年前会社都合退職金、および定年前自己都合退職金とする。

（退職金額）
第4条　各退職金額の計算方法は、資格等級ポイント方式とする。
　　　　退職時の資格等級ポイント累計×単価×支給事由係数＝退職金額
　⑵　退職時の資格等級ポイント累計は、（別表―1）の点数表に基づき各資格等級に1年在級するごとに与えられるポイントの累計とする。
　⑶　1ポイント当たりの単価は10,000円とする。ただし、会社は社会情勢の変化に伴い変更することがある。
　⑷　社員が定年、死亡、および次の各号に該当する事由により退職するときは定年前会社都合退職とし、これらの支給事由係数は、1とする。
　　1．社員が業務上の傷病が原因で就業が困難となり退職するとき（通勤災害によるものは除く）
　　2．取締役就任のため一旦退職するとき（役員就任退職）

3．就業規則第○○条（普通解雇）○号に定める整理解雇に該当するとき
　　　4．会社からの退職勧奨を受け入れて退職するとき
　(5)　前項に定める退職事由以外による退職は定年前自己都合退職とし、（別表—2）の支給事由係数とする。但し、退職事由が懲戒解雇及び競業避止義務違反の場合については第10条の規定による。

(在級年数の計算)
第5条　資格等級ポイントの計算は、入社日より退職日までの期間とし、在級年数に1年未満の端数月が生じる場合は6捨7入して年単位で計算する。なお、次にあげる期間については、在級年数に算入しない。
　　　1、就業規則第☆☆条から☆☆条に規定された休職の期間。ただし、会社の命令により在籍のまま出向した場合は除く。
　　　2、就業規則第☆☆条における、産前・産後の休暇期間
　　　3、就業規則第☆☆条における育児休業及び介護休業の期間
　　　4、その他、自己の都合による欠勤の期間

(年金契約)
第6条　第3条の退職金の支給を確実にするため手段の一つとして、会社は確定給付企業年金法を遵守した確定給付企業年金規約（以下、年金規約という）に基づき○○生命保険株式会社（以下、保険会社という）と規約型企業年金契約（以下、年金契約という）を締結するものとする。
　(2)　給付方法、掛金、加入資格、年金制度運営などに関して、この規程に定めがない事項については前項の年金規約に基づくものとする。

(退職金の内払い、および調整)
第7条　第6条（年金契約）の年金契約により保険会社から退職した社員に直接支払われる年金の一時金相当額を第4条（退職金額）によって計算された退職金の内払金とする。

(2)　前項の保険会社から支払われる一時金相当額が第4条（退職金額）により計算された金額に満たないとき、その不足分は退職時に別途会社より支払うこととする。

(3)　第1項の保険会社から支払われる一時金相当額が第4条（退職金額）により計算された金額を上回るときは、保険会社から支払われる金額を退職金額とみなす。

(4)　保険会社から支払われる年金を一時金でなく年金受給を選択した場合、年金現価額を一時金とみなす。

（退職金の年金受取）

第8条　定年退職金を受け取る権利を有し、且つ第6条の年金契約の加入者期間が20年以上の者は、前条の保険会社から退職した社員に直接支払われる一時金相当額に替えて年金受給することができる。

(2)　年金は、10年確定年金とし、定年に到達した日の属する月の翌月から権利が消滅した日の属する月まで受け取ることができる。

(3)　年金月額は、定年に到達した日の属する月の翌月における仮想個人勘定残高を確定給付企業年金規約に定められた率（10年確定年金の原価率）で除して得た額とする

(4)　年金の支払いは、年4回、2月、5月、8月、および11月の各20日に（金融機関が休業日である場合には前営業日）とし、それぞれの支払日にその前月分までをまとめて支払う。

（退職金支給の制限）

第9条　社員が故意の犯罪行為もしくは重大な過失により、または正当な理由がなくて療養に関する指示に従わないことにより死亡もしくは、その原因となった事故を生じさせたときは、第4条の退職金の全部または一部を支払わないことがある。

(2)　就業規則第○○条（懲戒解雇）に規定された懲戒事由に該当し懲戒解雇になった者には退職金は一切支給しない。ただし、諭旨退職となった場合は自己都合退職と同様の取扱いをする。

(3)　競業避止義務違反に該当することが明らかな場合の退職金につ

いては、第7条第1項の保険会社から支払われる一時金相当額のみとし、第4条（退職金額）により計算された金額に満たない場合であっても、その差額は一切支払わない。

(退職金の支払時期及び支給方法)
第10条　第6条の年金契約により保険会社から支払われる退職金は、退職事由が生じ○○生命保険株式会社に支給請求をして以後、2ヶ月以内に支払われる。ただし、定年退職金の年金払いを希望した場合は年金契約に基づき支払われる。

(2)　会社から支払われる差額分は、退職後3ヶ月以内に支払うこととする。

(生命保険契約)
第11条　会社は、第7条（退職金の内払い、および調整）第2項の不足分を確保する手段として、会社を契約者、社員を被保険者、死亡保険金受取人を社員の遺族、満期保険金および解約返戻金受取人を会社とする生命保険契約を締結する。

(2)　生命保険契約は、原則として入社満3年に達した日以後初めての○月に行うこととする。

(3)　体況その他の要因により生命保険会社から契約を謝絶された社員、特別保険料等の契約条件を提示された社員については、生命保険契約はしない。なお、生命保険契約をしないことに対し、会社は一切責任を負わない。

(死亡保険金と死亡退職金の調整)
第12条　第11条（生命保険契約）に定める生命保険の被保険者である従業員が死亡し、従業員の遺族に死亡保険金が支払われた場合、その死亡保険金は、第7条（退職金の内払い、および調整）第2項に基づき会社より別途支払われる不足分に充当することとする。

(2)　第7条（退職金の内払い、および調整）第1項により保険会社から支給される一時金相当額と前項の死亡保険金の合計額が、第4条（退職金額）により算出された退職金額に満たない場合、そ

の不足分は会社より別途支給することとする。

(3) 第7条（退職金の内払い、および調整）第1項により保険会社から支給される一時金相当額と第1項の死亡保険金の合計額が、第4条（退職金額）により算出された金額を超える場合、その額を死亡退職金の額とみなす。

(4) 第11条第3項により生命保険契約をしなかった社員が死亡した場合は、第4条（退職金額）第4項の死亡事由による退職金を支給する。

（受給権者）

第13条　社員が死亡した場合の退職金は、死亡当時本人の収入により生計を維持されていた遺族に支給する。

(2) 前項の遺族の範囲及び支給順位については、労働基準法施行規則第42条から第45条の定めるところを準用する。

（退職金規定の改廃）

第14条　この規程は、関係諸法令の改正及び社会事情の変化などにより必要がある場合には、社員代表との協議の上、改廃することが出来る。

（附則）

第15条　この規程は、平成☆☆年〇月1日から施行すると同時に旧退職金規程は廃止する。

(2) 平成☆☆年〇月1日現在で、旧退職金規程により退職金の受給資格を有する者は、旧退職金規程に基づき平成☆☆年△月31日にて定年退職したものとみなして算出された退職金額を10,000円で除して得た値を平成☆☆年〇月1日時点の各社員が保有する累計ポイントとする。なお、累計ポイントに小数点以下があるときは全て1ポイントに切り上げることとする。

(別表―1) 資格等級ポイント表

資格等級	ポイント
9等級	50
8等級	40
7等級	32
6等級	25
5等級	20
4等級	16
3等級	14
2等級	12
1等級	10

(別表―2) 自己都合退職係数

勤続年数	係数
10年未満	0.5
10年以上、20年未満	0.6
20年以上、30年未満	0.8
30年以上	1.0

③ 《規程例―6》の概要解説

　功績報奨と退職後の生活保障（定年後は老後の生活保障）を主な目的としています。制度形態は、第4条（退職金額）において「退職一時金等」の計算方法が具体的に定められていますから確定給付タイプになります。

　これまでも説明してきましたが、退職金規程に「退職一時金等」の計算方法を具体的に明記すれば、いくら「掛金等」の計算基準を別途定めたり、確定拠出タイプに適した退職金積立制度を採用したとしても確定給付タイプの制度になります。退職金規程を作成する際、この点をくれぐれも注意しなければなりません。

　次に、「退職一時金等」の計算方法ですが、功績報奨が一つの目的ですか

ら、ここでは資格等級ポイント方式を採用しています。資格等級制度がない場合や、あっても制度運用が曖昧であるような場合は、会社への功績度を何を基準に評価すればよいか検討しなければなりません。それが役職であれば、基本給＋役職手当比例方式、役職ポイント方式などを検討します。

　目的の一つにある退職後（老後）の生活保障を考慮して、積立制度は年金払いが可能な確定給付企業年金の一つである簡易型CB（第4章を参考）を採用しています。この企業年金は第4章でも解説していますが、掛金建ての企業年金です。

　なお、《規程例—6》は、簡易型CBだけでは退職金原資が不足した場合（基本的には不足することを前提にして年金契約をしてください）の2番手の準備手段として生命保険（養老保険）にも契約することにしています。

　養老保険などの生命保険商品は、契約時の保険料が保険契約期間の中で変動することは原則としてありません（原則というのは、予定利率が引き上げられれば、既契約分も遡及して保険料が引き下げられる可能性があるためです）。また、簡易型CBは、毎月の持分付与額（毎月の掛金額）が再評価率で運用できなかった場合以外、企業の負担は生じません。

　したがって、《規程例—6》は、毎年の退職金積立原資と月例賃金、賞与を含めた年度人件費が予算化し易く、且つ管理し易い積立方法となっています。

　なお、企業年金の契約は、何らかの理由（退職金制度の再見直しなど）がない限り、当初契約した保険会社と継続しますが、養老保険の契約は従業員ごとに保険会社が異なっても構いません。勿論、複数の保険会社との契約になりますから、管理上煩雑になることは予想されますが、それ以外に特に問題はありません。

《規程例―7》

① 《規程例―7》の基本的事項
  退職金の目的・・・・・・功績報奨、有能な人材の確保、弔慰金制度の
          拡充
  制度形態・・・・・・・・確定給付タイプ
  支払方法・・・・・・・・一時金
  計算基準・・・・・・・・役職ポイント制
  法的性格の認識・・・・功績報奨
  退職金積立制度・・・・・（表―37）　Fタイプ　養老保険

② 《規程例―7》の退職金規程例

退職金規程（役職ポイント方式）

（目的）
第1条　この規則は、就業規則第☆☆条（退職金）に基づき、社員の退職金に関する事項を定める。
 (2)　○○産業株式会社における退職金は、勤務期間の職責、会社への貢献度等を勘案し、勤務期間に対する功労報奨として支給するものである。

（適用範囲）
第2条　就業規則第☆☆条おいて適用された社員で、勤続年数が満3年を超える社員が退職するときは、第1条の退職金を支給する。

（退職金の種類）
第3条　退職金は、定年退職金、死亡退職金、定年前会社都合退職金、定年前自己都合退職金、および死亡退職金とする。

（退職金額）
第4条　退職金額の算出方法は役職ポイント方式とする。
 (2)　社員が次の各号に該当する事由により退職するときは、（別表

●第6章　退職金制度見直しの行程

　　　　1）の点数表にもとづき各役職に1年在位するごとに与えられる役職ポイントの累計に、ポイント単価20,000円を乗じた金額を支給する。
　　1．社員が定年に達して退職するとき
　　2．社員が死亡したとき
　　3．社員が業務上の傷病が原因で就業が困難となり退職するとき（通勤災害によるものは除く）
　　4．取締役就任のため一旦退職するとき（役員就任退職）
　　5．就業規則第○○条（普通解雇）により解雇されたとき。ただし、勤怠不良によるものは除く
　(3)　前項の各号以外の事由による退職は自己都合退職とし、前項により算出された金額に（別表2）の退職事由係数を乗じた金額を支給する。但し、退職事由が懲戒解雇及び競業避止義務違反の場合については第8条の規定による。

(役職在位年数の計算)
第5条　役職ポイントの計算は、入社日より退職日までの期間とし、1年に満たない端数月の期間がある場合は12ヶ月で除した端数月計算を行う。なお、1ヶ月に満たない月は切り捨てる。

1年に満たない期間＝（別表—1）の役職ポイント×端数月数／12ヶ月

　　(2)　前項の定めに関わらず、次にあげる期間は役職在位期間に算入しない。
　　1．就業規則第☆☆条から☆☆条に規定された休職の期間。ただし、会社の命令により在籍のまま出向した場合は除く。
　　2．就業規則第☆☆条における、産前・産後の休暇期間
　　3．就業規則第☆☆条における育児休業及び介護休業の期間
　　4．その他、自己の都合による欠勤の期間

（退職金計算の打ち止め、および支給）

第6条　第4条（退職金額）の退職金の計算は、60歳定年時までを最長期間とし、今後定年年齢が延長されても満60歳に達した月で打ち止めとする。尚、この場合、定年退職金は満60歳に達したときに支払うこととする。

（生命保険契約）

第7条　会社は、この規程で定める退職金の支払いを確実にするため、会社を契約者、社員を被保険者、死亡保険金受取人を社員の遺族、満期保険金の受取人を会社とする養老保険契約を生命保険会社と締結する。

⑵　入社満1年を経過した社員は、経過後初めての4月に保険加入することとする。

⑶　保険会社より体況等の理由により保険契約を謝絶、または特別保険料を提示された社員については保険契約はしない。なお、生命保険契約をしないことに対し、会社は一切責任を負わない。

（退職金の不支給）

第8条　社員が就業規則第☆☆条（懲戒解雇）により解雇されたとき、退職金は一切支給しない。諭旨退職となった場合は、自己都合退職の取扱いをする。

⑵　就業規則第☆☆条（競業避止義務）に違反した場合又は違反することが明らかな場合は、所定の退職金額の1/2に相当する額の範囲内で減額して支給する。

（支給の時期及び方法）

第9条　退職金は、原則として退職の日から60日以内にその全額を通貨で支払う。ただし、社員の同意がある場合は本人指定の銀行口座振込みにより支払うものとする。

●第6章　退職金制度見直しの行程

（死亡退職金の取扱い）

第10条　　退職事由が死亡である場合で、保険会社から保険契約に基づく死亡保険金が支払われた場合、支払われた死亡保険金は死亡退職金とみなし、第4条第2項の定めによる退職金は支給しない。ただし、第4条第2項に基づき計算された退職金額に対し死亡保険金額が下回る場合、その差額は別途会社から支給する。

(2)　第7条第3項により生命保険契約をしなかった社員が死亡した場合は、第4条第2項の定めに基づき計算された死亡退職金を支給する。

（死亡退職金の受取人）

第11条　　社員が死亡した場合の死亡退職金の受取人は、死亡当時本人の収入により生計を維持されていた遺族とする。

(2)　前項の遺族の範囲及び支給順位については、労働基準法施行規則第42条から第45条の定めるところを準用する。

（退職金規定の改廃）

第12条　　この規程は、関係諸法令の改正及び社会事情の変化などにより必要がある場合には、社員代表との協議の上、改廃することが出来る。

（附則）

第13条　　この規程は、平成☆☆年○月1日から実施することとし、それに伴い旧退職金規程は平成☆☆年△月31日を以って廃止する。

(2)　平成☆☆年○月1日現在で、旧退職金規程により退職金の受給資格を有する者は、平成☆☆年△月31日において旧退職金規程により定年退職したとみなして算出された退職金額を20,000円で割り、その数値を平成☆☆年○月1日時点で保有する累計ポイントとする。なお、その算出された数値に小数点以下があるときは全て1ポイントに切り上げることとする。

(別表—1) 役職ポイント表

役　　　職	ポイント
部長・次長	30
課長	25
係長	15
主任	10
社員A（入社満5年を超えて役無し）	8
社員B（入社5年以下の役無し）	5

(別表2) 自己都合退職係数

勤続年数	係数
満3年未満	0.3
満3年以上、満5年未満	0.4
満5年以上、満7年未満	0.5
満7年以上、満10年未満	0.6
満10年以上、満15年未満	0.7
満15年以上、満20年未満	0.8
満20年以上、満25年未満	0.9
満25年以上	1.0

③　《規程例—7》の概要解説

　《規程例—7》も確定給付タイプの退職金制度です。退職金の支払い目的は在職中の功績に報いることになっていますから、計算方法は役職ポイント方式を採用しています。

　この方式は、主に社員等級制度を持たない中小企業に適したものといえますが、役職ポイント方式採用にも条件があります。それは、確実なピラミッド型の会社組織になっていて、各部署間に人事異動があり、役職に職務遂行能力や仕事の実績、責任および権限の大きさなどが的確に反映されているこ

●第6章　退職金制度見直しの行程

とです。

　ある部署の「部長」よりも他の部署の「課長」の方が職務能力も実績もある上に責任も重かったり、「部長」や「課長」と付いているが部下も持たない年功的な名誉職であっては退職金の支払い目的に沿ったものとなりません。

　退職金支払いの目的として功績報奨に重きを置く場合、その企業で従業員の功績を最も反映しているのが何なのかをよく検討する必要があります。役職であれば役職ポイント方式に、基本給の額であれば給与比例方式に、特に明確な基準が見当たらなければ定額方式にした上で特別功労金を付加する方法もあります（ただし、特別功労金の運用は厳格に行わなければなりません）。

　《規程例―7》における積立手段は、養老保険だけになっています。《規程例―5》で説明したように生命保険商品は、契約時の保険料が保険契約期間を通じて原則として変動しません。契約時の予定利率が高ければ保険料は契約期間を通じて低く抑えられます。反対に予定利率が低ければ契約期間を通じて保険料は高く設定されます。このように契約する時期によって予定利率が異なれば、加入年齢と性別が同じであっても保険料には大きな差が生じます。

　なお、養老保険での積立は一見外部積立のように見えますが、あくまで内部積立の一手段にすぎません。何故なら、契約者である企業の一存でいつでも解約が可能ですし、解約返戻金の一定割合まで契約者貸付を受けることもできます。つまり、積立金を銀行に預けるか、保険会社に預けるかの違いだけということです。

　したがって、経営状態によって契約者貸付を活用したり、解約したりすることも出来ます。勿論、従業員の同意などは一切必要ありません。そのため、養老保険だけでの退職金積立は、従業員にとっては不安定要因のあるものといえます。

第9行程

従業員説明会

1．説明会の要点

　いよいよ全従業員に対し新旧の退職金制度の内容、旧退職金規程の取り扱い方法等を中心にした従業員説明会を開催することになります。ここでまず従業員に対し説明し、訴えなければならないことは、退職金制度の現状です。
１．我社の現在の退職金制度はどのような仕組みになっているのか。
２．何故退職金制度を見直さなければならないのか。
　まず、この２点について従業員が理解できるように詳しく親切に説明する必要があります。この部分が曖昧になっていては、「既得権」の問題や新しい退職金規程の説明をいくら行っても、納得を得ることは難しいことになります。
　以下に分析用規程例（計算方法は第４条"…定額方式）に基づき現状説明のポイントを挙げてみます。
（現在の退職金積立の状況）
１．従業員が退職した場合に支払う退職金の原資を確保するため、現在、中小企業退職金共済事業本部（以下、中退共）と退職金共済契約を行っています。従業員が退職したときは、この制度より直接退職した従業員へ退職金が支払われています。
２．中退共は、独立行政法人勤労者退職金共済機構が中小企業退職金共済法（以下、共済法）に基づいて運営している公的な退職金共済制度です。
３．中退共は、過去においては年5.5％の運用利回りが約束されていましたが、度重なる共済法の改正により平成８年、11年、14年と運用利回りが引き下げられ、平成14年以降１％になっています。

●第6章　退職金制度見直しの行程

4．予定利回りが年5.5％から1％になるということは、数値的には以下のとおりです。これは毎月10,000円の掛金を中退共に40年間納付し、その間同じ予定利回りであったと仮定したケースです。
5．これは、単純な計算ですが5.5％当時の退職金原資を確保しようと思えば、約3倍の負担が必要になるということです。

(毎月の積立金額　10,000円、積立期間　40年)

運用利率	40年後の元利合計額	内訳	
		積立金元本	運用益（利息）
5.5％	17,490,193円	4,800,000円	12,690,193円
3.0％	9,283,746円	4,800,000円	4,483,746円
1.0％	5,903,830円	4,800,000円	1,103,830円

※　旧「適年」に加入していた企業のみ・・・（旧「適年」が廃止された理由）
1．中退共と退職金共済契約を行うまでは、○○生命保険と税制適格退職年金（「適年」）契約をし、ここで従業員の退職金を積立てて支払っていました。
2．この契約の予定利率（運用できることが予想される利率）は5.5％に設定されていました。これは、バブル経済が崩壊するまでは可能な数値でした。
3．しかしながら、バブル崩壊後の運用の悪化により、実際の運用がこれに伴わず、積立金に莫大な積立不足が生じてしまいました。
4．このような状態で、国は旧「適年」制度の廃止を決定したため、これ以後は中退共にて退職金の積立を行っています。

5．ただし、中退共も先ほど説明したとおり予定利回りはここ10年以上1％のままで、今後の退職金原資の確保が非常に困難になっているのが現状です。
6．将来、退職金の支払いが滞る可能性もあります。また現制度を維持しようとすれば、会社の財務内容が悪化し、最悪の状況になる可能性も無いとはいえません。

（退職金の計算方法について）
1．我社の退職金の計算方法は、勤続年数により決定されています。その金額は以下のとおりです。

第4条"（退職金額）・・・定額方式の（別表―4"の1）定年退職

年数	退職金額	年数	退職金額	年数	退職金額	年数	退職金額
3	313,600	13	2,464,000	23	8,031,000	33	15,436,200
4	392,000	14	2,800,000	24	8,871,000	34	15,957,800
5	504,000	15	3,546,200	25	9,491,200	35	16,480,000,
6	672,000	16	3,963,400	26	10,325,600	36	17,105,000
7	896,000	17	4,484,800	27	10,951,400	37	17,522,200
8	1,064,000	18	5,006,400	28	11,785,600	38	17,939,400
9	1,232,000	19	5,632,200	29	12,515,800	39	18,252,400
10	1,456,000	20	6,049,400	30	13,558,800	40	18,773,800
11	1,680,000	21	6,675,000	31	14,080,400	以下、余白。41年以上は、40年に同じ。	
12	2,016,000	22	7,301,000	32	14,601,200		

●第6章 退職金制度見直しの行程

第4条"（退職金額）・・・定額方式（別表—4"の2）定年前中途退職

年数	退職金額	年数	退職金額	年数	退職金額	年数	退職金額
3	156,800	13	1,232,000	23	4,015,500	33	7,718,100
4	196,000	14	1,400,000	24	4,435,500	34	7,978,900
5	252,000	15	1,773,000	25	4,745,600	35	8,240,000
6	336,000	16	1,981,500	26	5,162,800	36	8,552,500
7	448,000	17	2,242,000	27	5,475,700	37	8,761,100
8	532,000	18	2,503,200	28	5,892,800	38	8,969,700
9	616,000	19	2,816,100	29	6,257,900	39	9,126,200
10	728,000	20	3,024,700	30	6,779,400	40	9,386,900
11	840,000	21	3,337,500	31	7,040,200	以下、余白。41年以上は、40年に同じ。	
12	1,008,000	22	3,650,500	32	7,300,600		

2．この表をみればわかるように、退職金は勤続年数のみで決められており、会社への貢献度等は一切考慮されていません。一見平等な決め方のようにみえますが、悪平等な決め方ともいえます。

3．したがって、退職金額の決め方として、従業員の仕事上の実力、成績、貢献度などを出来る限り反映させたものにしていきます。

> 現行の退職金制度と新退職金規程案に基づいた新制度内容の説明

　大方、以上のようなことを中心にして、現在の退職金制度の現状を従業員に理解してもらうことが大切です。

　この後、新しい退職金制度の内容説明、制度変更に伴う現在の退職金規程の処理方法（「既得権」等の保証について）、代償措置を講じる場合はその措置等について説明していくことになります。なお、制度の見直しが単なる計算方法の見直しだけに留まらず、全体的に不利益変更になる場合は、第8行程において説明した、「不利益変更の7つの要件」を念頭において説明内容

を組み立てていって下さい。

　また従業員説明会は、従業員全員を対象に一括して行うことはできるだけ避けた方がよいでしょう。事業所が複数存在する場合は当然ですが、本社一箇所の場合も、できるだけ定年に近い年齢層（中高年層）と、そうでない年齢層（若年層）とに分けて別々に開催した方が説明はしやすく、制度変更に対する納得も得られやすいからです。

　何故ならば、一般的に定年に近い従業員（50歳代くらい）は、退職金に対し強い関心を持っていますが、20歳代～30歳代は、ほとんど関心を示さないこといが多いからです。関心度の同じレベル毎に説明会を開催した方が、議論も集中し内容のある説明会になるはずです。

　また、第5行程で説明した、制度見直し時の「既特権」等について定年を間近に控えた従業員に対して何らかの経過措置を講じる場合、該当する従業員には個別に説明をしなければなりません。したがって、従業員説明会は、(20歳代・30歳代)、(40歳代)、そして(50歳代)といった3グループ程度に分けて行うのが理想的です。

　この説明会で充分な説明ができ、質問等に対しても適切な返答をした上で変更できるところがあれば変更して、最後に従業員全員の同意を取って下さい。これは書面にして従業員全員の署名・捺印をもらってください。書式は**（参考文献―2）**を参考にしてください。

●第6章　退職金制度見直しの行程

（参考文献―2）　○○産業株式会社　退職金制度見直しにおける従業員同意書

（改定事項）
一．現在の退職年金規程は、平成☆☆年△月31日をもって廃止する。
二．平成☆☆年○月1日より、別紙の新退職金規程を施行し、これに基づいて以後の退職金制度を運営する。
三．現退職年金規程の廃止に伴い、平成☆☆年△月31日付けにて、各従業員が定年・会社都合、または自己都合により退職したものとみなして算出された金額は、保証するものとし、従業員の実際の退職事由により退職時に旧制度の清算金として支払うものとする。
四．ただし、退職事由が就業規則第○条に定められた懲戒解雇である場合は、前項の清算金は全額支給しない。また、就業規則第○条の競業避止義務違反が明らかな場合は半額だけ支給する。

　　以上、上記事項による退職金制度の改定に同意いたします。

従業員氏名	印	従業員氏名	印

２．高年齢継続雇用制度と一体化した制度見直し

　全体的な支給水準の低下など不利益変更になることが明確な場合、全従業員の同意を得ることは簡単にはいきません。いくら退職金原資の運用が以前のようにいかなくなったとしても従業員にとっては「何故、退職金を減らされなければならないのか？」という疑問が生じて当然です。
　従業員が企業の立場をよく理解して素直に同意してくれることはあまり期待できません。しぶしぶの同意の場合も含めて不利益変更に対する代償措置は必要不可欠です。
　代償措置については、第６行程　退職金規程の不利益変更の６．代償措置で少し触れましたが、高齢者雇用制度の充実のために退職金制度を見直さざるを得ないといった論法で、２つの制度を一体化して見直すのが最も理想的です。
　したがって、この場合退職金制度を不利益に変更するのが目的ではなく、高齢者雇用制度の充実が目的であって、退職金制度見直しはその為の１つの手段にすぎない、といった立ち位置を明確にすることです。この場合、従業員説明会には先に示した要点の他に、以下の要点を加えてください。
（定年後の再雇用制度について）
１．現在、満60歳で定年後、最長で満65歳に達するまで本人が希望すれば再雇用する制度があり、希望者は何らかの形で満65歳まで雇用されています。
２．これは、厚生老齢年金の支給開始が段階的に満65歳に引き下げられているため、定年後の生活を保証する目的で企業に義務付けられたものです。
３．ただし、再雇用の際の労働条件（賃金、勤務日、勤務時間など）は、法律の範囲内で企業の裁量により決定されます。
４．我社としては定年後再雇用制度について、単なる老齢年金が支給されるまでの生活保障的な要素としてだけでなく、既に到来している高齢化社

会において再雇用時の労働条件を充実し定年後も仕事にやりがいや生きがいを感じれる制度を構築します。

（緊急課題への対応策）
1．高齢者雇用のあり方、退職金の運用難などの課題に対して、「高年齢者雇用における勤務体系・給与体系の見直し」として再雇用制度と退職金制度を一体的に見直します。
2．見直し内容は、以下のとおりです。

> 現在の再雇用制度と退職金制度の解説、「高年齢者雇用における勤務体系・給与体系の見直し」案の解説。場合によっては定年延長（満65歳まで延長）など。

3．それでも不同意者が出た場合

　ただ、どうしても数名の従業員が納得せず同意を拒否した場合、どのような対応を取るかは神経を使う重要な判断となります。不利益変更の法理に充分かなっていると判断出来れば、数名の不同意者がいても制度見直しを進めておくことも１つの選択肢ですが、最悪訴訟となった場合、必ずしも勝てるとは限りませんし、またこれで労使関係が上手くいかなくなるようでは問題です。

　このような場合、第５章「退職金制度設計での前提」の２．年間人件費総額の把握において説明した年間人件費総額という捉え方をして解決を図るより仕方ありません。年間の月例賃金額、賞与額、退職金年間積立額を合計したものが年間人件費総額ですが、現行の退職金制度を維持するために今後退職金積立を増額しなければなりません。そうであれば他の人件費を調整しなけばなりません。

　この場合、月例賃金を減らすことは労働条件の不利益変更の最たるもので

あり、まず出来ないと考えるべきでしょう。したがって、第5章で説明したように賞与で調整するしかありません。賞与を減らすしかないということです。

中小企業の場合、賞与に関しては「賞与の額については、会社の業績、本人の成績、勤務態度等を勘案し決定することとする。」といった規定をしているところがほとんどです。

このような企業の場合、賞与の額の査定は会社次第です。退職金積立金の増加により人件費総額が上昇し、会社決算に悪影響を及ぼすことから賞与の支給水準を調整することは充分可能です（ただし、賞与がない企業には当てはまりませんが）。

勿論、これは最後の最後の非常手段です。初めから賞与での調整をほのめかしながら不利益変更同意を得ようとしてはなりません。これは単なる姑息な手段でしかなくなります。

第10行程

新退職金制度に関する諸手続と新退職金制度運用開始

従業員説明会が終了し、従業員全員の同意若しくはそれに順ずる結果が得られたと判断できれば、制度見直しに伴う各業務を開始します。制度見直しに伴う業務は以下のとおりです。

●第6章　退職金制度見直しの行程

1．最終退職金規程の完成、労働基準監督署への届出と従業員への周知

　従業員に提示した新しい退職金規程に修正・加筆等があれば作成し直し、最終的な退職金規程を完成させます。退職金規程は就業規則の一部ですから、従業員代表の意見書、就業規則変更届と一緒にそれぞれ2部ずつ所轄労働基準監督署に届け出ます。

　意見書には従業員の過半数を代表する労働組合の代表、組合が無い場合は従業員の過半数を代表する者に意見を徴収し、それを記入してもらってください。なお、ここでの意見の徴収ですが、既に従業員説明会をしていますから確認程度のものとなります。監督署に届け出ると受付印を押印した退職金規程、就業規則変更届、意見書が1部ずつ返却されます。これらは、保管用として管理してください。なお、従業員周知用は必要な部数だけ作成し、従業員がいつでも自由にみられる様にしてください。

　なお、就業規則の作成および届出義務は、常時雇用する従業員が10人以上の事業所に対して義務化されていますが、10人未満の場合も作成はしてください。特に退職金規程は作成しなければ制度運営ができません。この場合、労働基準監督署への届出は任意ですが出来るだけ届出ておいてください。

2．積立制度の契約内容の変更・解約、新積立制度の契約

　制度見直しが積立制度（手段）の解約や契約内容変更を伴う場合、ここでこれらに関わる契約手続きを行います。

　中退共、確定給付企業年金規約型（特に簡易型CB）、確定拠出型年金企業型などを契約している場合は、制度見直しの内容にしたがって掛け金・拠出金の全体的な金額見直し、場合によっては解約手続きが必要になってくることもあります。

退職金規程の内容が決定されたのですから、淡々とこれらの手続きを行っていってください。

3．新制度運用開始

　退職金制度見直し完了！大変ご苦労様でした。以上で一連の退職金制度見直しにかかわる分析、検討、作成、打ち合わせ、手続きなど全てが終了いたしました。これより新しい退職金制度の運用を開始いたします。

第7章 退職金制度と税・社会保険料

1．退職所得控除

　退職金（退職一時金）は、所得税法上かなり優遇されています。以下、所得税法の退職金に関する条項の抜粋です。

所得税法　第30条（退職所得）
　退職所得とは、退職手当、一時恩給その他の退職により一時に受ける給与及びこれらの性質を有する給与（以下この条において「退職手当等」という。）に係る所得をいう。
　(2)　退職所得の金額は、その年中の退職手当等の収入金額から退職所得控除額を控除した残額の2分の1に相当する金額とする。
　(3)　前項に規定する退職所得控除額は、次の各号に掲げる場合の区分に応じ当該各号に掲げる金額とする。
1、政令で定める勤務年数（以下この項において「勤続年数」という。）が
　　20年以下である場合
　　40万円に該当勤続年数を乗じて計算した金額
2、勤続年数が20年を超える場合
　　800万円と70万円に該当勤務年数から20年を控除した年数を乗じて計算

した金額との合計額
(4) 以下省略

　ここに規定されているように、退職所得とは、「退職」という事由により退職金規程などに基づいて一時的に支払われる退職手当や退職金、一時恩給などのことをいいますが、これら所得からは「退職所得控除額」が差し引かれ、更にその残額の1/2のみが課税の対象となります。

(表—38) 退職所得控除

勤続年数	退職所得控除額
20年以下の場合	40万円×勤続年数 (但し、80万円が下限)
20年を超える場合	800万円+70万円×(勤続年数－20年)

　例えば、30年勤務して退職金を2,000万円受け取った場合、
　　800万円+70万円×(30年－20年)＝1,500万円　が退職所得控除額となります。
　　2,000万円－1,500万円＝500万円
　　500万円×1/2＝250万円 (250万円に対する税率は10％)
　　250万円×10％＝25万円

　したがって、30年勤務の場合、2,000万円の退職所得に対して、僅か25万円が源泉徴収されるだけということになります。(住民税は別途徴収されます。)
　このような退職金の優遇税制に対して、政府税制調査会等で抜本的な見直しが幾度となく検討されていますが、現時点 (平成28年3月時点) では特に変更はありません。ちなみに過去に検討されたのは、勤続21年以降の1年あたりの控除額 (70万円) や、控除額差引き後の1/2課税等の見直しでした。
　雇用の流動化、終身雇用制の見直しなどにより、従来通りの優遇税制を講じる必要性が薄れてきているというのがその理由のようですが、労働者から見れば単なる「増税」でしかありえません。したがって、将来、退職金優遇

●第7章　退職金制度と税・社会保険料

税制が見直されるようであれば、企業の退職金制度見直しの動きと合わせて、今までの退職金に対する企業及び従業員の考え方も大きく変化していく可能性があります。

2．退職金制度見直し・廃止時における一時金（清算金）に対する税の取扱い

　退職金制度見直しの過程で旧制度の「既得権」等を清算するために内部留保金から一時金を支払った場合、この一時金は税制上給与所得として扱われます。ただし、例外的に在職中であっても退職所得として扱われる場合があります。

(1)　所得税基本通達

　以下が、例外的な取扱を行える事由について発せられた所得税基本通達です。

【所得税基本通達】
30―1（退職手当等の範囲）
　退職手当等とは、本来退職しなければ支払われなかったもので、退職したことに基因して一時的に支払われることになった給与をいう。従って、退職に際しまたは退職後に使用者等から支払われる給与で、その支払金額の計算基準等からみて、他の引続き勤務している者に支払われる賞与等と同性質であるものは、退職手当等に該当しないことに留意する。

30―2（引続き勤務する者に支払われる給与で退職手当等とするもの）
　引続き勤務する役員又は使用人に対し退職手当等として一時的に支払われる給与のうち、次に掲げるものでその給与の支払われた後に支払われる退職

241

手当等の計算上その給与の計算の基礎となった勤務期間を一切加味しない条件の下に支払われるものは、30―1にかかわらず、退職手当等とする。
① 新たに退職給与規程を制定し、又は中小企業退職金共済制度若しくは確定拠出年金制度への移行等相当の理由により従来の退職給与規程を改正した場合において、使用人に対し当該制定又は改正前の勤続期間に係る退職手当等として支払われる給与
 （注）
  1．上記の給与は、合理的な理由による退職金制度の実質的改変により清算の必要性から支払われるものに限られるのであって、例えば、使用人の選択によって支払われるものは、これには当たらないことに留意する。
  2．使用者が上記の給与を未払金等として計上した場合には、当該給与は現に支払われるときの退職手当等とする。この場合において、当該給与が2回以上にわたって分割して支払われるときは、令第77条（退職所得の収入の時期）の規程の適用があることに留意する。
② 使用人から役員になった者に対しその使用人であった勤続期間に関わる退職手当等として支払われる給与（退職給与規程の制定又は改正をして、使用人から役員になった者に対しその使用人であった期間に係る退職手当等を支払うこととした場合において、その制定又は改正の時にすでに役員になっている者の全員に対し当該退職手当等として支払われる給与で、そのものが役員になったときまでの期間の退職手当として相当なものを含む）
③ 役員の分掌変更等により、例えば、常勤役員が非常勤役員（常時勤務していない者であっても代表権を有する者及び代表権は有しないが実質的にその法人の経営上主要な地位を占めていると認められるものを除く。）になったこと、分掌変更等の後における報酬が激減（おおむね50％以上減少）したことなどで、その職務の内容又はその地位が激変した者に対し、当該分掌変更の前における役員であった勤続期間に係る退職手当等として支払われる給与

④　いわゆる定年に達した後引き続き勤務する使用人に対し、その定年に達する前の勤続期間に係る退職手当等として支払われる給与
⑤　労働協約等を改正していわゆる定年を延長した場合において、その延長前の定年（以下、この⑤において「旧定年」という。）に達した使用人に対し旧定年に達する前の勤続期間に係る退職手当等として支払われる給与で、その支払いをすることにつき相当の理由があると認められるもの
⑥　法人が解散した場合において引き続き役員又は使用人として清算業務に従事する者に対し、その解散前の勤続期間に係る退職手当等として支払われる給与

(2) 企業内退職金制度から中退共・確定拠出年金制度に移行する際に清算される一時金

　特に退職金制度見直し時に留意しなければならないのが(1)の所得税基本通達30—2の①です。「新たに退職給与規程を制定し」とあるのは、今まで退職金規程は無く、したがって明確な退職金計算基準も無く、従業員が退職する度に社長の判断で支給の有無や金額を決めて支払っていたような企業が、計算基準等を明確にした退職金規程を新たに制定した場合を指すものと思われます。

　また、「中小企業退職金共済制度若しくは確定・・・・・により退職金規程を改正した場合」とは、企業内退職金制度（注）により退職金支払いをしていた企業が中退共などの外部積立制度を新たに採用するに際して退職金規程を改正した場合を指します。

（注）企業内退職金制度とは、退職金規程を設け、預貯金や養老保険などの保険商品など内部留保金だけで退職金支払の準備をしている退職金制度をいいます。中退共や企業年金等の優遇措置が講じられた外部積立制度が出来るまでは、ほとんどの企業はこの制度によって退職金を支払っていました。

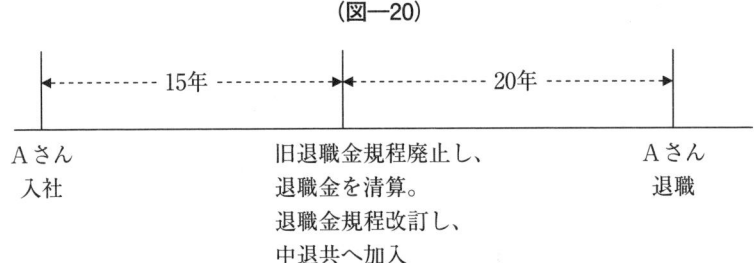

そしてこれらの場合において、従業員に対して支払われた制定前または改正前の勤続期間にかかる給与として支払われるもの（清算のための一時金）は退職所得として取り扱ってもよいということです。

ただし、その後に支払われる退職金はこの一時金の計算の基礎となった勤続期間を一切加味せずに計算されることが条件です。(図—20)を参考にして下さい。

図のように入社15年後に今までの内部留保金だけで運営されていた企業内退職金制度が廃止され、退職金規程を改正し、且つ中退共などの外部積立制度を採用することになった場合に、旧退職金規程にしたがって勤続15年に対する一時金が内部留保金から支払われ清算されたとします。その後、実際の退職に際し支払われる一時金は、この15年の勤務について一切加味せず、改正後の勤続20年に対してのみを退職金計算の基礎とする、という条件の下で支払われるのであれば、この一時金は退職所得として取り扱ってもよいということです。

したがって、退職所得控除は企業内退職金制度での勤続15年分に対し、40万円×15年＝600万円、その後の20年分に対しては、40万円×20年＝800万円ということになります。

この取扱いは、従業員の退職金受給権確保に不安のある企業内退職金制度から、中退共などの外部積立制度への移行を促進することを目的に昭和45年7月に制定された基本通達によるものです。したがって、もともと外部積み立て制度である企業年金や厚生年金基金などから他の制度に積立手段を変更する場合は適用されるものではないので注意が必要です。

●第7章　退職金制度と税・社会保険料

(3) 定年後再雇用時、定年延長に際しての退職金支給

　基本通達30―2の④は、高年齢者雇用安定法により企業に義務付けられている定年後の継続雇用に関連する通達です。この通達の「定年後も引き続き勤務する使用人」とは、将に定年退職と同時に再雇用された従業員のことです。したがって、この場合に支払われる定年前までの勤続期間に係る退職金は退職所得であるということです。

　基本通達30―2の⑤は、定年年齢を延長した場合の取扱いです。例えば、現在の定年年齢満60歳を満65歳に引き延ばした場合において、その後も退職金は旧定年年齢の満60歳で支払うことを労働協約等（就業規則も含む）に定めれば、これは退職所得として取り扱うということです。

(4) 退職金制度の廃止に伴い支払われる一時金

　退職金規程を廃止して、退職金を完全に無くしてしまう企業もあります。退職金制度廃止です。その際、従業員に退職金規程に基づいて打ち切り支給の退職金として支払われる一時金（旧制度の清算金）は、どのように扱われるのでしょうか。

　この場合、まず「企業内退職金制度」を廃止することによって支払われる一時金は、原則として「給与所得」となります。ただし、退職金制度を廃止することについて「相当の理由」があると認められる場合は退職所得として取り扱われる場合があります。

　では、この「相当の理由」があると認められる場合とは、どのような状況を指すのかが問題となりますが、「相当な理由」としては「企業の経営状態が悪化しており、将来においても回復する見込みがないと認められ、且つ、労使協議の下に退職金制度を廃止せざるを得ないなどの状態」にあることが要求されています。

　したがって、このような状況に至った場合は「相当の理由」があると判断され、退職所得として取り扱ってもよいとされています。ただし、このように取り扱える状態に該当するかどうかは、勝手に判断せずに必ず所轄税務署

245

に相談し見解を確認する必要があります。

　なお、「相当な理由」がある場合においても、中退共など外部積立制度を解約することにより従業員へ支払われる金銭は「一時所得」として取扱われることはいうまでもありません。

　また、従来の退職金規程を廃止して新たに退職金前払い制度を導入する場合はどのように扱われるでしょうか。つまり、退職一時金という支払い方を止め、毎月給与などに上乗せ支給する場合です。

　これについては、退職金前払い制度（規程）は単に分割支給されるものであるため、新たな退職金規程の制定には当たらないとして給与所得として取り扱われます。

(図—21) 退職金制度の廃止に伴う清算金の取扱い

3. 積立手段で養老保険を採用した場合の保険料の経費処理

第4章「退職金積立制度」で説明したように、外部の退職金積立制度である中退共、特退共、確定給付企業年金、確定拠出年金企業型等の掛金、保険料または拠出金等の経理処理は、全て損金算入となります。また、これらは社会保険料算定に一切影響を与えません。

これに対し、生命保険を活用して退職金積立をする場合、保険料の税務上の取り扱いは、契約形態（保険金の受取人）により異なってきます。特に積立手段として最も多く採用されている養老保険は、生命保険の中でも貯蓄性が高いだけに注意が必要です。

第4章「退職金積立制度」において一般的な養老保険の契約形態（表―39

（表―39）養老保険　契約形態による税務上の取扱い

契約形態	契約者	被保険者	保険金受取人 死亡	保険金受取人 満期	解約返戻金	経理処理
A	企業	従業員（原則全員）および役員	企業	企業	企業	保険料積立として全額資産
B			被保険者の遺族	被保険者		従業員・役員の給与（報酬）
C			被保険者の遺族	企業		1/2は保険積立として資産　1/2は福利厚生費として損金
D			企業	被保険者		不明（通達に記載無し）
C"		特定の役員又は従業員	被保険者の遺族	企業		1/2は保険積立として資産　1/2は従業員・役員の給与

の契約形態Ｃ）については説明しましたが、これ以外の契約形態を含めて**(表—39)**のとおりです。また、これに関連する法人税基本通達《**参考資料—1**》と所得税基本通達《**参考資料—2**》を掲載しておきます。

《参考資料—1》「法人税基本通達」

（養老保険に係る保険料）
9—3—4　法人が、自己を契約者とし、役員又は使用人（これらの者の親族を含む。）を被保険者とする養老保険（被保険者の死亡又は生存を保険事故とする生命保険をいい、傷害特約等の特約が付されているものを含むが、9—3—6に定める定期付養老保険を含まない。以下9—3—7までにおいて同じ。）に加入してその保険料（令第135条《確定給付企業年金等の掛金等の損金算入》の規定の適用があるものを除く。以下9—3—4において同じ。）を支払った場合には、その支払った保険料の額（傷害特約等の特約に係る保険料の額を除く。）については、次に掲げる場合の区分に応じ、それぞれ次により取り扱うものとする。(昭55年直法2—15「十三」により追加、昭59年直法2—3「五」、平15年課法2—7「二十四」により改正)
(1)　死亡保険金（被保険者が死亡した場合に支払われる保険金をいう。以下9—3—5までにおいて同じ。）及び生存保険金（被保険者が保険期間の満了の日その他一定の時期に生存している場合に支払われる保険金をいう。以下9—3—4において同じ。）の受取人が当該法人である場合　その支払った保険料の額は、保険事故の発生又は保険契約の解除若しくは失効により当該保険契約が終了する時までは資産に計上するものとする（※契約形態Ａ）。
(2)　死亡保険金及び生存保険金の受取人が被保険者又はその遺族である場合　その支払った保険料の額は、当該役員又は使用人に対する給与とする（※契約形態Ｂ）。
(3)　死亡保険金の受取人が被保険者の遺族で、生存保険金の受取人が当該法人である場合　その支払った保険料の額のうち、その2分の1に相当する金

●第7章　退職金制度と税・社会保険料

額は(1)により資産に計上し、残額は期間の経過に応じて損金の額に算入する（※契約形態C）。ただし、役員又は部課長その他特定の使用人（これらの者の親族を含む。）のみを被保険者としている場合には、当該残額は、当該役員又は使用人に対する給与とする（※契約形態C"）。

（定期保険に係る保険料）
9―3―5　法人が、自己を契約者とし、役員又は使用人（これらの者の親族を含む。）を被保険者とする定期保険（一定期間内における被保険者の死亡を保険事故とする生命保険をいい、傷害特約等の特約が付されているものを含む。以下9―3―7までにおいて同じ。）に加入してその保険料を支払った場合には、その支払った保険料の額（傷害特約等の特約に係る保険料の額を除く。）については、次に掲げる場合の区分に応じ、それぞれ次により取り扱うものとする。（昭55年直法2―15「十三」により追加、昭59年直法2―3「五」により改正）
(1)　死亡保険金の受取人が当該法人である場合　その支払った保険料の額は、期間の経過に応じて損金の額に算入する。
(2)　死亡保険金の受取人が被保険者の遺族である場合　その支払った保険料の額は、期間の経過に応じて損金の額に算入する。ただし、役員又は部課長その他特定の使用人（これらの者の親族を含む。）のみを被保険者としている場合には、当該保険料の額は、当該役員又は使用人に対する給与とする。

（定期付養老保険に係る保険料）
9―3―6　法人が、自己を契約者とし、役員又は使用人（これらの者の親族を含む。）を被保険者とする定期付養老保険（養老保険に定期保険を付したものをいう。以下9―3―7までにおいて同じ。）に加入してその保険料を支払った場合には、その支払った保険料の額（傷害特約等の特約に係る保険料の額を除く。）については、次に掲げる場合の区分に応じ、それぞれ次により取り扱うものとする。（昭55年直法2―15「十三」により追加、昭59年直法2―3「五」により改正）

(1) 当該保険料の額が生命保険証券等において養老保険に係る保険料の額と定期保険に係る保険料の額とに区分されている場合　それぞれの保険料の額について9—3—4又は9—3—5の例による。
(2) (1)以外の場合　その保険料の額について9—3—4の例による。

《参考資料—2》「所得税基本通達」

(使用者契約の養老保険に係る経済的利益)
36—31　使用者が、自己を契約者とし、役員又は使用人（これらの者の親族を含む。）を被保険者とする養老保険（被保険者の死亡又は生存を保険事故とする生命保険をいい、傷害特約等の特約が付されているものを含むが、36—31の3に定める定期付養老保険を含まない。以下36—31の5までにおいて同じ。）に加入してその保険料（令第64条《確定給付企業年金規約等に基づく掛金等の取扱い》及び第65条《不適格退職共済契約等に基づく掛金の取扱い》の規定の適用があるものを除く。以下この項において同じ。）を支払ったことにより当該役員又は使用人が受ける経済的利益（傷害特約等の特約に係る保険料の額に相当する金額を除く。）については、次に掲げる場合の区分に応じ、それぞれ次により取り扱うものとする。（昭63直法6—7、直所3—8追加、平14課法8—5、課個2—7、課審3—142改正）
(1) 死亡保険金（被保険者が死亡した場合に支払われる保険金をいう。以下36—31の2までにおいて同じ。）及び生存保険金（被保険者が保険期間の満了の日その他一定の時期に生存している場合に支払われる保険金をいう。以下この項において同じ。）の受取人が当該使用者である場合、当該役員又は使用人が受ける経済的利益はないものとする（※契約形態A）。
(2) 死亡保険金及び生存保険金の受取人が被保険者又はその遺族である場合　その支払った保険料の額に相当する金額は、当該役員又は使用人に対する給与等とする（※契約形態B）。
(3) 死亡保険金の受取人が被保険者の遺族で、生存保険金の受取人が当該使

用者である場合、当該役員又は使用人が受ける経済的利益はないものとする（契約形態C）。ただし、役員又は特定の使用人（これらの者の親族を含む。）のみを被保険者としている場合には、その支払った保険料の額のうち、その2分の1に相当する金額は、当該役員又は使用人に対する給与等とする（契約形態C"）。

（注）

1　傷害特約等の特約に係る保険料を使用者が支払ったことにより役員又は使用人が受ける経済的利益については、36—31の4参照

2　上記(3)のただし書については、次によることに留意する。

(1)　保険加入の対象とする役員又は使用人について、加入資格の有無、保険金額等に格差が設けられている場合であっても、それが職種、年齢、勤続年数等に応ずる合理的な基準により、普遍的に設けられた格差であると認められるときは、ただし書を適用しない。

(2)　役員又は使用人の全部又は大部分が同族関係者である法人については、たとえその役員又は使用人の全部を対象として保険に加入する場合であっても、その同族関係者である役員又は使用人については、ただし書を適用する。

（使用者契約の定期保険に係る経済的利益）

36—31の2　使用者が、自己を契約者とし、役員又は使用人（これらの者の親族を含む。）を被保険者とする定期保険（一定期間内における被保険者の死亡を保険事故とする生命保険をいい、傷害特約等の特約が付されているものを含む。以下36—31の5までにおいて同じ。）に加入してその保険料を支払ったことにより当該役員又は使用人が受ける経済的利益（傷害特約等の特約に係る保険料の額に相当する金額を除く。）については、次に掲げる場合の区分に応じ、それぞれ次により取り扱うものとする。（昭63直法6—7、直所3—8追加）

(1)　死亡保険金の受取人が当該使用者である場合　　当該役員又は使用人が受ける経済的利益はないものとする。

(2) 死亡保険金の受取人が被保険者の遺族である場合　当該役員又は使用人が受ける経済的利益はないものとする。ただし、役員又は特定の使用人（これらの者の親族を含む。）のみを被保険者としている場合には、当該保険料の額に相当する金額は、当該役員又は使用人に対する給与等とする。
(注)
1　傷害特約等の特約に係る保険料を使用者が支払ったことにより役員又は使用人が受ける経済的利益については、36－31の4参照
2　36－31の（注）2の取扱いは、上記(2)のただし書について準用する。

（使用者契約の定期付養老保険に係る経済的利益）
36－31の3　使用者が、自己を契約者とし、役員又は使用人（これらの者の親族を含む。）を被保険者とする定期付養老保険（養老保険に定期保険を付したものをいう。以下36－31の5までにおいて同じ。）に加入してその保険料を支払ったことにより当該役員又は使用人が受ける経済的利益（傷害特約等の特約に係る保険料の額に相当する金額を除く。）については、次に掲げる場合の区分に応じ、それぞれ次により取り扱うものとする。（昭63直法6－7、直所3－8追加）
(1) 当該保険料の額が生命保険証券等において養老保険に係る保険料の額と定期保険に係る保険料の額とに区分されている場合　それぞれの保険料の支払があったものとして、それぞれ36－31又は36－31の2の例による。
(2) (1)以外の場合　36－31の例による。
(注) 傷害特約等の特約に係る保険料を使用者が支払ったことにより役員又は使用人が受ける経済的利益については、36－31の4参照

4．積立手段で養老保険を採用した場合の社会保険料の取扱い

（表—39の）契約形態AおよびCの場合の保険料は、税務上の取り扱いでは所得税基本通達36—31(3)のとおり、従業員に何ら経済的利益をもたらさないとしています。したがって、給与（報酬）としては扱われませんから、社会保険料にも何ら影響は与えません。しかしながら、契約形態C"のように特定の役員や従業員のみを被保険者とした場合は、給与（報酬）として所得税課税対象になると同時に社会保険料算定基礎額にも含まれます。この取扱いは、一般的に行われていることであり、特に問題はありません。

しかしながら、契約形態BおよびDの場合の取扱いが問題となります。Bの場合の経理処理は法人税及び所得税の各基本通達で明らかですが、Dは特に通達に記載はなく取扱方は確定していません。ただ、満期保険金の受取人がBと同じくDも被保険者（従業員または役員）であることから、少なくとも保険料の1/2は給与（報酬）として取り扱われることが想定されます。

この2つの契約形態における社会保険料の取扱いについて参考になる文書が過去に発せられていますので《参考資料—3》として以下に記載します。

この中で「団体養老保険」という呼称は、昨今ほとんど使われていませんが、これは全従業員の福利厚生及び退職金積立等を目的として従業員全員が加入する養老保険契約を指します。この文書から判断すると、事業主（企業）が負担する保険料は、従業員に経済的利益があって税務上は給与課税されても社会保険でいう報酬には含まれない、つまり算定基礎額には含めなくてよいとも読み取れます。ただし、これについては、日本年金機構に具体的な事例を提示して確かな部門に問い合わせ、確認する必要があります。くれぐれも独自の判断はしないでください。

なお、ここで対象となっているのは「団体養老保険」の保険料です。したがって、特定の役員や従業員だけがBやDの契約形態で保険契約した場合、給与（報酬）として扱われる保険料は、社会保険の算定基礎額に含まれるの

は当然です。

《参考資料―3》「団体養老保険の保険料について」

(昭和38年2月6日庁保険発第3号の2
社会保険庁医療保険部健康保険課長から、都道府県民生部（局）保険課（部）長・社会保険事務所長あて通知)

　標記について、別紙1のとおり照会があり、別紙2のとおり回答したので通知する。

(別紙1)
　　　　　　　　団体養老保険の保険料について

(昭和38年1月9日日本総内第875号　石油荷役株式会社常務取締役総務部長から、社会保険庁健康保険課長あて照会)

　当社は団体養老保険として、会社が契約者（保険料全額を保険会社に毎月納付）となり従業員を被保険者、受取人を被保険者又は遺族として、60歳満期の生命保険に加入いたしております。（従業員が退職した場合は、個人名義に証書を書き替えて渡す。尚、継続するかどうかは個人の自由意志とする。）この生命保険料は事業主が従業員の為に負担しておりますが、この月掛保険料（養老保険料）について（イ）健康保険法第2条の報酬、及び（ロ）厚生年金保険法第3条第5項の報酬に該当し、それぞれ社会保険料の算定基礎（賃金）にしなければならないのか、その点、公式見解をご指示賜りたく御願い致します。
　なお、養老保険に関する事項については、当社、労働協約、その他給与規則等には一切定めておらず、全々、関係ないものとして会社が、福利厚生的な面から恩恵的に任意に加入しているような保険ですから、念の為、申し添えます。

(別紙2)

団体養老保険の保険料について

(昭和38年2月6日庁保険発第3号社会保険庁医療保険部健康保険課長から、荷役株式会社常務取締役総務部長宛回答)

　昭和38年1月9日日本総内第875号をもって照会のあった標記については、次のとおり回答します。
　団体養老保険の保険料を事業主が負担している場合、その保険契約によって受ける利益が従業員に及ぶものであっても、御来示のように事業主が保険契約の当事者となっている場合には、事業主が負担する保険料は、健康保険法第2条第1項又は厚生年金保険法第3条第1項第5号に規定する報酬には含まれないものと解する。

※　団体養老保険とは？
　　企業、官公庁、労働組合等の団体が保険契約者となり、構成員を被保険者とする養老保険です。構成員の死亡保障と退職金準備手段として利用されるもので、保険期間が長期なことから団体長期保険とも呼ばれる。

5. 前払い退職金の社会保険料の取扱い

　前払い退職金は、給与または賞与にて支払われますが、これは全て給与所得として課税対象となるのはいうまでもなく、社会保険料についても算定基礎賃金に含まれます。
　前払い退職金制度を一部の企業が採用し始めたとき、社会保険料については現在のような総報酬制は採用されておらず、したがって、賞与で支払えば課税対象にはなるものの社会保険料については、極僅かな金額が徴収されるだけで、ほとんど影響していない状況でした。
　しかしながら、平成15年4月からの総報酬制導入により、賞与からも毎月の給与と同じ料率の保険料が徴収されることになりました。このような状況の中で発せられた文書を《**参考資料—4**》として記載します。

前払い退職金の取り扱い方については、今さら特に疑問等はないとは思いますが、念のために確認しておいてください。

《参考資料―4》「前払い退職金の社会保険料の取扱いについて」

関厚発第0819045号
平成15年8月19日

厚生労働省保険局保険課長　殿

関東信越厚生局長
（公印省略）

　　　いわゆる退職金の前払いにかかわる社会保険料の取扱いについて（照会）

　退職金については、これまで報酬とみなさず、社会保険料の賦課の対象としておりませんでしたが、近年、企業においては賃金体系や退職金制度の見直しが進む中で、退職金相当額の全部又は一部を在職中に給与や賞与に上乗せして前払いする制度（所謂退職金の前払い制度）もみられるようになっております。
　このような場合、社会保険料の取り扱いをいかにすべきか、御教示願います。

保保発第1001001号
平成15年10月1日

関東信越厚生局長　殿

厚生労働省保険局保険課長
（公印省略）

　　　いわゆる退職金の前払いに係る社会保険料の取扱いについて（回答）

　平成15年8月19日付けで照会のあった標記の件については、下記のとおり取り扱われたい。

記

　被保険者の在職時に、退職金相当額の全部又は一部を給与や賞与に上乗せするなど前払いされる場合は、労働の対償としての性格が明確であり、被保険者の通常の生活にあてられる経常的な収入としての意義を有することから、原則として、健康保険法（大正11年法律第70号）第3条第5項又は第6項に規定する報酬

●第7章　退職金制度と税・社会保険料

又は賞与に該当するものであること。
　支給時期が不定期である場合についても賞与として取り扱い、これが年間四回以上支払われているものであれば、報酬として通常の報酬月額に加算して取り扱うこと。
　また、退職を事由に支払われる退職金であって、退職時に支払われるもの又は事業主の都合等により退職前に一時金として支払われるものについては、従来どおり、健康保険法第3条第5項又は第6項に規定する報酬又は賞与に該当しないものとして取り扱うこと。
　なお、この取り扱いについては、年金局年金課、社会保険庁運営部医療保険課、同年金保険課都調整済みであること、厚生年金保険制度においても同様であることを申し添える。

三宅　直（みやけ　ただち）

昭和31年　兵庫県朝来市生まれ
兵庫県立八鹿高等学校、同志社大学経済学部　卒業
昭和55年4月揖斐川電気工業㈱〔現イビデン㈱〕入社、イビケン㈱、ソニー生命保険㈱を経て平成11年7月　CS労務経営研究所（CS労研）を開設し、現在に至る。

ソニー生命保険㈱在職中の平成10年、社会保険労務士試験合格
大阪府社会保険労務士会所属　特定社会保険労務士

【講演・執筆等】
講演：「雇用リスク対策」（不当解雇、未払い賃金、業務災害と民事賠償等が主テーマ）
　　　「CSRの考えに基づいた労務管理」、「退職金制度改革」・・・等。

著書：「えっ！労災事故で会社がつぶれる⁈」新日本保険新聞社

改訂4版　退職金規程と積立制度

2005年2月2日　第1版第1刷発行	定価はカバーに表示してあります。
2008年3月17日　第2版第1刷発行	
2010年3月31日　第3版第1刷発行	
2016年4月9日　第4版第1刷発行	

著　者　三　宅　　　直
発行者　平　　盛　之

㈱産労総合研究所
発行所　出版部　経 営 書 院

〒112-0011
東京都文京区千石4—17—10産労文京ビル
電話 03(5319)3620　振替 00180-0-11361

落丁・乱丁はお取替えいたします。　　　印刷・製本　中和印刷株式会社

ISBN978-4-86326-214-0　C2034